DeepSeek 小红书

运营一本通

黄耕 ◎ 编著

人民邮电出版社

北京

图书在版编目（CIP）数据

DeepSeek 小红书运营一本通 / 黄耕编著. -- 北京：
人民邮电出版社, 2025. -- ISBN 978-7-115-67259-9

I. F713.365.2

中国国家版本馆 CIP 数据核字第 2025L0T708 号

内 容 提 要

　　这是一本教读者运用 DeepSeek 辅助运营小红书账号的专业教程。书中介绍了 DeepSeek 的基础使用方法与技巧，包括提示词撰写、深度思考、联网搜索、上传文件和生成代码等功能的应用；讲解了如何利用 DeepSeek 找到商业机会，进行天赋定位、商业趋势定位，以及结合豆包做长相定位等；阐述了用 DeepSeek 打造亮眼账号的方法，涉及起名字、写简介和生成头像；列举了用 DeepSeek 写小红书文案的多种方法，如热门仿写法、新闻改写法、优秀博主克隆法和资料提炼法。此外，本书还详细讲解了结合使用 DeepSeek 和其他 AI 工具做产品种草图文、创作 IP 图像和视频的方法，并提供了一些小红书运营实战案例。

　　本书适合想通过小红书进行副业创收的个人，以及想在小红书进行品牌或产品推广的店主及品牌方。

◆　编　　著　黄　耕
　　责任编辑　王振华
　　责任印制　陈　犇
◆　人民邮电出版社出版发行　　北京市丰台区成寿寺路 11 号
　　邮编　100164　　电子邮件　315@ptpress.com.cn
　　网址　https://www.ptpress.com.cn
　　涿州市京南印刷厂印刷
◆　开本：700×1000　　1/16
　　印张：9.75　　　　　　　　　　2025 年 9 月第 1 版
　　字数：220 千字　　　　　　　　2025 年 9 月河北第 1 次印刷

定价：39.80 元

读者服务热线：(010)81055410　印装质量热线：(010)81055316
反盗版热线：(010)81055315

前言

当AI照进现实，一个自媒体人的"工业革命"

2023年冬天的某个凌晨，我在武汉的工作室里盯着电脑屏幕，手指悬在Enter键上迟迟不敢按下。屏幕上是某国际美妆品牌的圣诞节推广大片文案，客户要求早上6点之前必须定稿。但那时，我已经改了17版，文档里挤满了客户留下的红色批注——"不够有网感""用户痛点不清晰""再加点圣诞节氛围"……窗外的路灯灯光在雾霾中晕成惨白的光团，我灌下第三杯冰美式咖啡后突然意识到，作为从业8年的内容总监，我引以为傲的"创意手感"正在被这个碎片化的流量时代碾碎。

那天凌晨3点，我第一次颤抖着手打开某AI工具并输入"圣诞节美妆爆款文案"，大约30秒后，屏幕上蹦出一段文字："别让男友猜色号！丝绒红棕'碎钻叠加法'，三秒'锁死'心动眼神"。我盯着这句文案，后背突然发麻——这不是我苦思冥想的"网感"，而是由数据"喂养"出的、赤裸裸的流量直觉。

这场"人机协作实验"彻底打破了内容生产的旧秩序。2025年初，我用DeepSeek重新做了账号定位，并用它进行了全平台内容生产和数据复盘。随后，"大黄AI黑科技"账号在小红书上仅用1个月的时间就涨粉过万，全网涨粉"10万+"。3周后，我服务的某智能体品牌公司使用DeepSeek打造小红书SEO（Search Engine Optimization，搜索引擎优化）关键词矩阵，并使用它开展发布会的传播策划和物料制作。与此同时，我服务的另一家养生门店使用DeepSeek完成线上和线下营销闭环，并将线上热点与线下活动、服务、产品相结合，大幅提升了销售转化率。

但真正促使我编写本书的是来自2024年秋天的一位粉丝的私信。她在某县城开了一家童装店，每天凌晨4点起床拍视频、写文案，但小红书账号的粉丝数却卡在300左右，迟迟没有起色。她过去在自媒体课上学了不少方法，但真正能让她上手的方法却一个也没有。不久前，当我教会她用DeepSeek生成"小镇宝妈选衣指南"系列内容后，她的视频在3个月内实现了20万的播放量，并接到了一线童装品牌的广告邀约。

种种经历让我深刻体会到AI在内容创作领域的巨大潜力与变革力量，而这，正是我编写本书的初衷。过去，只有配备专业团队的企业才能"玩转"的"流量游戏"（从人设定位、爆款选题库搭建，到多平台矩阵引流、高转化"种草"链构建）。如今，通过DeepSeek，仅需1个人+1台电脑+1套AI工作流，就能实现"从0到1"的内容变现闭环。

曾经收费很高的"一对一"账号定位咨询方案，如今在本书里就能获取，你只需要几十分钟就能找到独属于自己的"天赋赛道"（第2章）。曾经让"985"院校毕业的文案策划都感到头疼的"网感文案"，如今使用DeepSeek就能轻松复刻"优秀博主克隆术"（第4章）。曾经在小红书上尝试数次却一次次失败的品牌方和实体店店主，如今通过本书就能学到使用DeepSeek打通"内容—流量—变现"的全流程。

如果说工业革命用机器解放了人的双手，那么这波AI浪潮正在把"创意生产力"重新分配给每一个普通人。翻开本书，你看到的不仅是一份干货教程，更是一把打开新世界大门的钥匙。

编著者

目录

第 **1** 章

DeepSeek
快速入门

1

1.1 DeepSeek赋能小红书

在数字世界的"流量江湖"里，DeepSeek就像一位深藏不露的武林高手，看似低调，实则内功深厚、招式繁多。并且它绝非只会花拳绣腿的"假把式"，而是真正能帮你在小红书这片"流量江湖"中披荆斩棘、开疆拓土的利器。

1.1.1 DeepSeek是什么，如何用

首先，让我们来了解一下DeepSeek。作为一款大型语言模型，DeepSeek基于创新算法构建，以极低的成本成为每位用户的全能型智能助手。仅通过自然对话，它就能精准理解用户的需求并即时生成用户所需的内容。

试想这样一个场景，当你对DeepSeek提出"请创作一篇关于春天的散文"时，它不仅能在数秒内输出辞藻优美的文本，还能联动其他工具，自动生成精美的配图或短视频素材。这正体现了DeepSeek的核心价值：它如同一把"内容创作的瑞士军刀"，随时待命，以满足用户多样化的内容创作需求。

其次，DeepSeek还具备一项超级强大的功能——趋势分析与热点挖掘。在小红书这个瞬息万变的平台上，把握住热点就等于掌握了流量密码。DeepSeek犹如一位"市场洞察专家"，能够实时解析当前热门的话题与流行趋势，并告诉你哪些内容容易吸引人。它就像为你装上的"流量雷达"，帮助你在浩瀚的信息海洋中精准定位，快速捕捉那些能让你脱颖而出的机会。

在小红书这个竞争激烈的平台上创作时，DeepSeek就像"秘密武器"。它不仅能够提升创作效率，还能显著提高创作内容的质量，帮助你在众多创作者中脱颖而出。它还如同一台"流量加速器"，能帮你快速地吸引粉丝、积累人气。此外，DeepSeek还能深入挖掘出那些潜藏在热点背后的商业机遇，让你不仅能在平台上获得更多关注，更能实现商业变现，真正将流量转化为价值。

更重要的是，对于这样一位全能型智能助手，你仅需简单4步即可轻松拥有。

01 找到DeepSeek。在计算机浏览器的搜索框中输入"DeepSeek"并按Enter键，就能找到它，如图1-1所示。如果你想在手机上使用DeepSeek，可以在手机的应用商店搜索并下载安装"DeepSeek"，如图1-2所示。

图1-1

图1-2

02 开始对话。打开DeepSeek网页版之后，单击界面中的"开始对话"，如图1-3所示。

图1-3

03 注册账号。可以选择使用手机号或者邮箱等进行注册。若选择使用手机号进行注册，输入手机号之后，单击"发送验证码"并填写收到的短信验证码。若选择使用邮箱进行注册，输入邮箱地址之后，单击"发送验证码"并前往邮箱收件箱查找验证邮件，填写收到的验证码。然后单击"登录"按钮完成验证，如图1-4所示。如果未找到邮件，请检查垃圾箱，确认邮件是否被误屏蔽。

图1-4

04 首次登录。设置密码时，建议使用大小写字母+数字组合的形式，以增强安全性，如图1-5所示。完成这一步后，就可以启用DeepSeek。

当你进入图1-6所示的页面时，就可以开启与DeepSeek的第一次对话了。在页面下方的对话框中，DeepSeek正等待着你的第一次提问。你想问什么呢？请相信，只有亲身体验，你才能真正领略它的强大能力。

如果你已经完成了这些步骤，那么你已经"解锁"了当今时代至关重要的一项技术——AI。但这仅仅是一个开始，因为真正重要的是你用它来做什么。

图1-5

图1-6

1.1.2 DeepSeek加小红书等于"超强组合"

DeepSeek代表着超级创意与超级生产力，小红书则拥有超级流量与超级"种草力"，两者单独使用就已足够强大，结合在一起更堪称"超强组合"，而本书正是为你"解锁"这一"超强组合"的"钥匙"。

AI究竟是什么？简言之，AI就是"智能助手"，AI不仅能通过文字与用户对话，还能调取、梳理、整合网络上的海量信息。AI就好比为你配备的一个"超级大脑"，能让你在信息的海洋中游刃有余。

你可能会问："AI跟小红书有什么关系？"关系非常紧密！运营小红书，无论是写文案、设计图片，还是拍摄视频，本质上都是对信息的调取、梳理、整合和输出。

我们拆解一下爆款内容的生产过程，其实就是将你大脑中存储的信息（包括你看到的事物、读过的书、在网络上浏览过的内容）进行梳理、整合并提炼出精华，再一步步落实到选题、结构、脚本、剪辑并最终形成作品的过程。而DeepSeek和其他AI工具，可以帮你完成信息梳理、整合和提炼的工作。结合联网搜索功能，DeepSeek还可以思考和发散出新的内容，让你的作品更加丰富、完整，让你的创作速度更快。

相比传统的创作方式，运用DeepSeek进行小红书内容创作具有以下三大优势。

1.提效不降质，让你的时间更值钱

时间就是金钱，在小红书创作领域更是如此。以前，起号需要耗费大量的时间在写脚本、拍图片、剪视频上，制作一篇作品可能需要耗费一周的时间，效率低下且效果难以保证。

但有了DeepSeek之后，情况就截然不同了。它能大幅提升你的制作效率，以往需要一周才能完成的工作，现在仅需3小时即可完成。无论是选题、文案创作还是剪辑，DeepSeek都能显著提升这些环节的工作效率。节省的时间，你可以专注于账号定位、内容优化，甚至是直播带货等更有价值的环节，你可以有更多精力去思考如何提升账号的整体质量与商业价值。

2.公式化起号，让爆款内容不再难求

很多创作者在小红书上难以起号，根本原因在于缺乏写脚本的营销思维，不了解爆款内容其实是有创作套路和公式的。这些套路和公式，既要契合平台的算法规则，又要符合人性的底层逻辑。流量与传播的本质离不开社会学、故事学和心理学等知识。掌握这些知识，通常需要耗费数年的时间。

但有了DeepSeek，一切都变得简单了。只要经过2～3次针对性的"调教训练"，DeepSeek就能掌握这些套路和公式。你可以将本书所提供的方法结构、公式模板，结合你的账号定位和产品特点对DeepSeek进行训练，用它生成文案，轻松写出既契合算法规则又能打动用户的爆款内容，快速实现起号目标。

3.实操落地，定制化服务助你成功

市面上许多关于DeepSeek和其他AI工具的课程往往停留在理论层面，缺乏对实际应用的指导。然而，AI作为一种工具，其真正的价值在于应用。本书的独特之处在于，它不仅是一本实操宝典，更是一部案例大全。只有量身定制的、适合你的方案，才能真正落地并发挥作用。

下一节将更具体地讲解如何利用DeepSeek创作内容，并在小红书上实现变现。

1.2 AI时代的小红书大机会

在AI时代，好产品的评判标准已不再是简单的"功能满足"，而是消费者乐意买单。因此，小红书的"先种草，再购买"逻辑越来越受到消费者的青睐。此外，以DeepSeek为代表的生成式AI工具，也让小红书的内容创作变得更加简单、高效。

1.2.1 小红书种草的底层逻辑

在AI时代，小红书平台正展现出巨大的商业潜力，其底层逻辑也在悄然发生转变。

当使用DeepSeek实现文案智能生成，并配合其他AI工具生成图片、视频完成视觉创意量产后，传统的"功能满足"型产品观已升级为"心智占领"战略。这种升级使得"种草"不再是单一的内容传播，而是由AI驱动的精准需求预判与价值共创。

传统的营销方式多以直接推销为核心，这种"填鸭式推销"方式在AI时代遭遇了用户注意力"抗药性"危机。而小红书的"先种草，再购买"逻辑则成为一种新的营销方式，它强调"不销而销"，通过"建立预期—暗示—裂变"的渐进式策略，潜移默化地激发用户对产品的兴趣，重构"人—货—场"之间的关系，从而实现新的商业变现模式。这也使得小红书成为各大品牌方与广告主青睐的广告投放平台。

在此背景下，AI技术在内容创作中的应用，进一步提升了小红书的"种草"效率，为平台带来了新的发展机遇。相关数据显示，应用AI工具生成的"种草"笔记，可以使用户停留时长提升230%。

那么，"种草"究竟是什么？"不销而销"背后又隐藏着怎样的奥秘？当你开始思考这些问题时，你就已经接近小红书的核心本质。其实，"种草"理解起来非常简单，我将其总结为以下3点。

1.建立预期

"种草"的第一个逻辑是建立预期。在传统商业模式中，消费者需要先购买产品，使用后才能评价其好坏，这种信息反馈是滞后的。而在AI时代，消费者的消费选择越来越多，他们希望先体验再购买。在小红书上，"种草"内容其实就是将购买理由和消费体验前置。每一段视频、每一篇笔记，都需要清晰地告诉用户，产品能提供什么价值。用户在进入实体店或网店之前，通过小红书的"种草"内容，就能提前了解产品的特点、使用感受等信息，从而在心中建立起对产品的预期。这种预期的建立，就像为用户提前打开了一扇窗，让他们在购买之前就能"体验"到产品的部分魅力。

例如，一位美妆博主在分享一款口红时，不仅会展示口红的外观和颜色，还会详细描述涂抹后的质感、持久度等细节。用户在观看视频的过程中，就能想象到自己使用这款口红的效果，从而激发购买欲望。此外，部分玩具工作室还会利用AI工具，提前把玩具设计图发到小红书平台进行产品预售，在产品制造出来之前，便让用户获得体验感。

2.暗示

"种草"的第二个逻辑是暗示。在商业营销中，最低级的营销方式之一是"自卖自夸"。当商家直接夸赞自己的产品时，用户往往会心生疑虑，甚至对产品产生反感。而真正高级的营销方式是"不销而销"，即内容中不直接提及业务，却处处指向业务。通过巧妙的暗示，让用户自己去发现产品的优点，从而使用户建立对产品的信任感。

例如，一位健身博主在分享健身日常时，可能会不经意地提到自己使用的健身器材品牌，或者在展示健身效果时，让用户注意到自己身上的运动装备。这种看似不经意的暗示，实际上比直接推销更具说服力。因为用户会认为这是博主在自然地分享自己的生活，而非刻意的广告，从而更容易接受产品并对产品产生信任。此外，在过去，许多商家因缺乏专业的营销能力而难以掌握营销精髓。然而，如今借助DeepSeek，普通用户也能轻松创作出高质量的"种草"文案，显著提升营销效果。

3.裂变

"种草"的第三个逻辑是裂变。小红书的用户群体具有极强的社交属性，他们互动频繁、传播信息速度极快。虽然小红书的直接销售转化率可能不如传统电商平台，但其"种草"能力却异常强大。当一个用户被"种草"后，可能也会将这一信息分享给身边的朋友，从而引发裂变效应。同时，DeepSeek进一步降低了小红书的内容创作门槛，使得更多用户能够轻松参与其中，共同完成从建立预期到裂变的完整闭环。

例如，一位女生在小红书上刷到一篇关于某款护肤品的笔记后，被成功"种草"，她可能会将这款产品推荐给宿舍里的其他女生。这样一来，一个用户的"种草"行为就能带动多个用户的关注与购买，形成裂变式传播。这种裂变效应不仅能大幅提升品牌的影响力，还能为商家带来更多潜在客户，创造更大的商业价值。

在AI时代，小红书这片沃土蕴藏着巨大的商业机会，正等待着我们去挖掘。通过掌握"种草"逻辑，结合AI技术设计出更加高效的内容量产与矩阵化运营策略，我们可以在小红书上实现变现的新突破。

1.2.2 小红书的四大内容变现路径

如果把小红书比作一片流量沃土，那么DeepSeek就像一台一直转动的汽车发动机，而内容变现路径则如同四通八达的高速公路上的匝道。下面，我将为你详细解析小红书的四大内容变现路径，让你了解如何将使用DeepSeek创作的内容转化为"真金白银"。

1.广告合作，让品牌方排队找你

在小红书上，当你积累了足够的粉丝和流量后，广告合作便成为最直接的变现路径之一。品牌方会主动联系你，希望你能够帮他们推广产品。比如美妆博主一旦粉丝达到一定数量，各大化妆品品牌方便会纷纷抛出橄榄枝，邀请博主试用新品，并发布精美的笔记展示产品效果。这些笔记就像一个个移动的"广告牌"，吸引用户去关注品牌和产品。

要想成功接到广告合作邀请，必须具备一定的"硬实力"。首先，你的账号需要拥有一定的粉丝基础，粉丝越多，品牌方的合作意愿越强。其次，你的内容质量必须过硬，让品牌方相信你的笔记能够吸引用户，为他们带来流量和销量。最后，你的账号还需要具备鲜明的"调性"，且与品牌的形象和定位相契合。例如，一个主打年轻时尚的品牌，倾向于与风格活泼、时尚感强的博主进行合作。

过去，一个博主的内容创作门槛相对较高。但当你阅读完本书后，借助DeepSeek的强大功能，你就能够轻松创作出高质量的作品。

2.电商带货，让粉丝"买买买"

小红书的电商带货功能就像一把锋利的镰刀，让你能够在流量的麦田中收割财富。通过发布产品笔记，推荐各种好物，你可以引导粉丝直接购买产品。每成交一单，你就能获得一笔可观的佣金。比如对于家居博主推荐的家居用品，如果粉丝看了觉得产品符合自己的需求，就会下单购买。这种带货方式不仅为你带来收益，也能让粉丝买到真正实用的产品。

要做好电商带货，需要掌握一些关键技巧。首先，选品至关重要，必须挑选质量过硬、价格合理的产品，才能让粉丝放心购买。其次，带货文案的撰写需要用心，文案要有吸引力，要能够打动粉丝。你可以用生动的语言描述产品的特点和优势，让粉丝觉得这个产品非买不可。最后，对粉丝的引导也要掌握一定的技巧。你可以在笔记中插入产品链接，或在评论区回复粉丝的提问，巧妙地引导他们完成购买。

后续章节将重点探讨如何借助DeepSeek实现文案与视频的"量产"，这不仅能确保内容质量，还能让你的电商广告覆盖更广泛的受众。

3.知识付费，让你的专业知识和经验变现

如果你在某个领域（如美妆、健身、摄影等）拥有专业知识和经验，那么知识付费就能成为你的变现路径。你可以开设线上课程，教粉丝一些实用的技能和知识。每卖出一节课，你就能获得一笔收入。例如，摄影博主开设摄影课程，教粉丝拍照、修图。

要做好知识付费，必须具备一定的"干货"。首先，你的专业知识必须扎实，经验要丰富，能够真正帮助粉丝解决问题。其次，课程内容要有吸引力，让粉丝觉得物超所值。你可以通过生动的案例和实用的技巧，让粉丝感受到课程的价值。最后，课程推广要有力度，要让更多人了解你的课程。你可以在小红书上发布免费试听内容，吸引粉丝关注并购买完整的课程。

借助DeepSeek，你不仅能快速完成课程制作，还能高效处理日常的文案等内容的输出任务。DeepSeek如同人的第二大脑，可为创作提供强大的支持。

4.品牌IP孵化，让你的账号和产品成为品牌

在小红书上，你还可以通过品牌孵化的方式实现变现。你可以将自己的账号打造成一个独特的品牌IP，然后通过品牌授权、品牌合作等方式获利。比如一些知名博主的账号本身就是品牌，他们通过品牌授权、品牌合作的方式让其他品牌使用自己的形象和内容。这种变现路径不仅能带来收入，还能让小红书账号更有价值。此外，许多知名设计师会通过设计新产品来获取用户反馈，甚至实现"先卖再生产"的模式。这不限于服务其他品牌，你和你的工作室、你的设计作品，也有机会成为独立的品牌。

要做好品牌孵化，必须具备一定的"品牌意识"。首先，你的账号需要具有独特的风格和定位，建立清晰的品牌标识与品牌价值，让用户一眼就能认出你的内容。其次，你的内容必须保持高品质，让用户感受到你的专业性。最后，品牌推广也需要有力度，让更多人了解你的品牌。你可以在小红书上发布品牌故事、品牌理念等内容，来吸引更多用户关注并认同你的品牌。

在后面的案例中，我会详细介绍如何通过多种AI工具辅助设计产品、打造品牌并实现引流获客。学会使用几款AI工具，就能完成以往需要一个团队才能完成的任务。

总之，在小红书上，内容变现路径多种多样，只要你掌握了正确的方法，就能在这个平台上实现商业变现。而有了AI的加持，这些变现路径将变得更加高效、便捷。

1.3 DeepSeek的使用与进阶

如今，每个人都能和DeepSeek进行对话，但如何充分发挥它强大的能力？如何提升DeepSeek的使用效果？接下来的内容将帮助你快速从新手进阶为专家，掌握更高效的DeepSeek使用方法。

1.3.1 DeepSeek使用方法与技巧

DeepSeek看似简单，但要想真正"玩转"它，还是需要掌握一些方法和技巧的。接下来，我将为你详细讲解DeepSeek的使用方法和技巧，助你快速上手。

1.提示词：开启DeepSeek的"钥匙"

使用DeepSeek时，提示词就像你和它之间的暗号，你需要明确地告诉DeepSeek你想要什么。例如，你不能只输入"帮我写点东西"，这样它会不知所措。你需要编写具体且精准的提示词，就像在工作中指导实习生完成任务一样，你要清晰地描述任务背景、具体要求及交付标准。提示词越具体、精确，DeepSeek生成的内容就越符合你的要求。

接下来，我将为你总结常用的4种提示词技巧，帮助你快速掌握与DeepSeek高效沟通的方法。

（1）明确需求

✗ 错误示例：帮我写点东西。

✓ 正确示例：我需要你帮我写一封求职邮件，以应聘新媒体运营岗位，邮件中要强调3年公众号运营经验。

（2）提供背景

✗ 错误示例：分析这个数据，如图1-7所示。

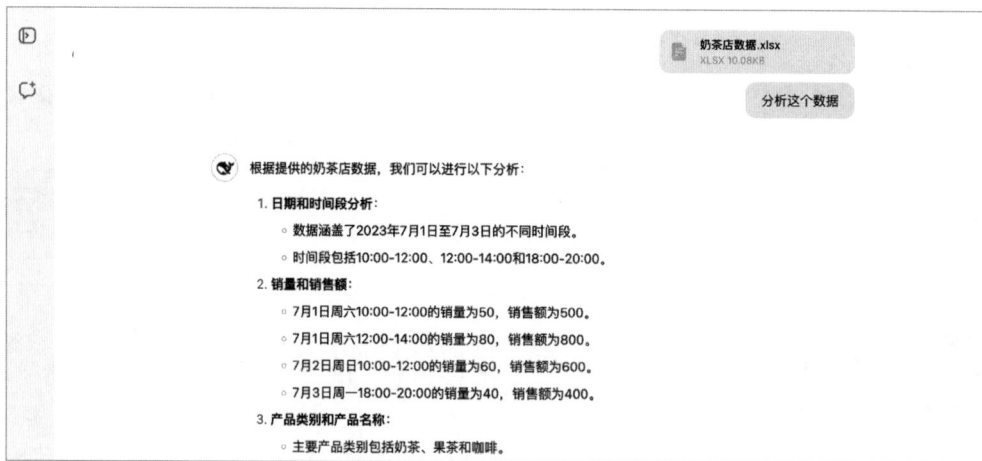

图1-7

✓ 正确示例：这是一家奶茶店过去三个月的销售数据，请分析周末和工作日的销量差异，如图1-8所示。

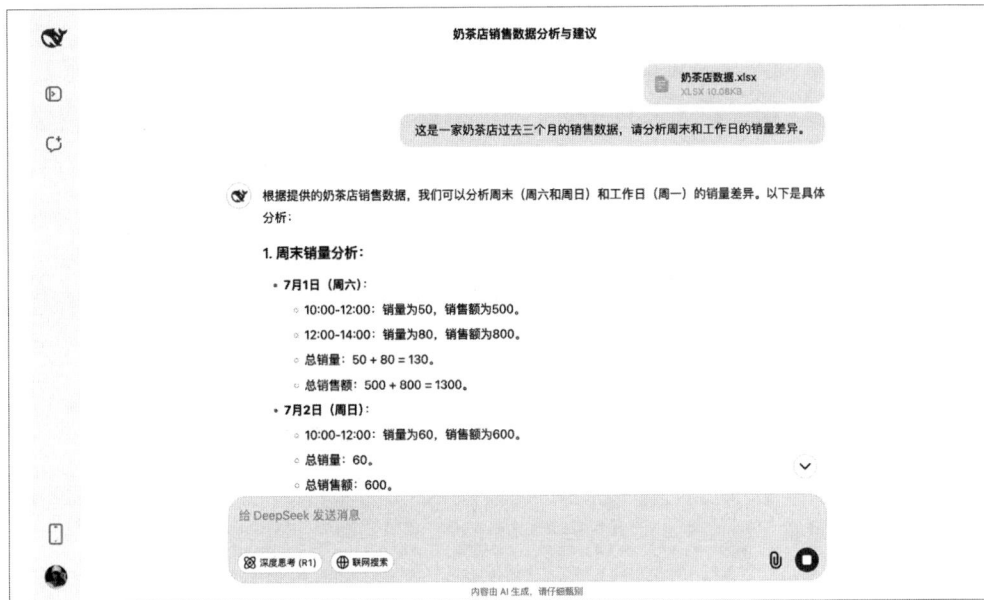

图1-8

（3）指定格式

✕错误示例：给几个营销方案。

✓正确示例：请用表格形式列出三种情人节咖啡店促销方案，包含成本预估和预期效果，如图1-9所示。

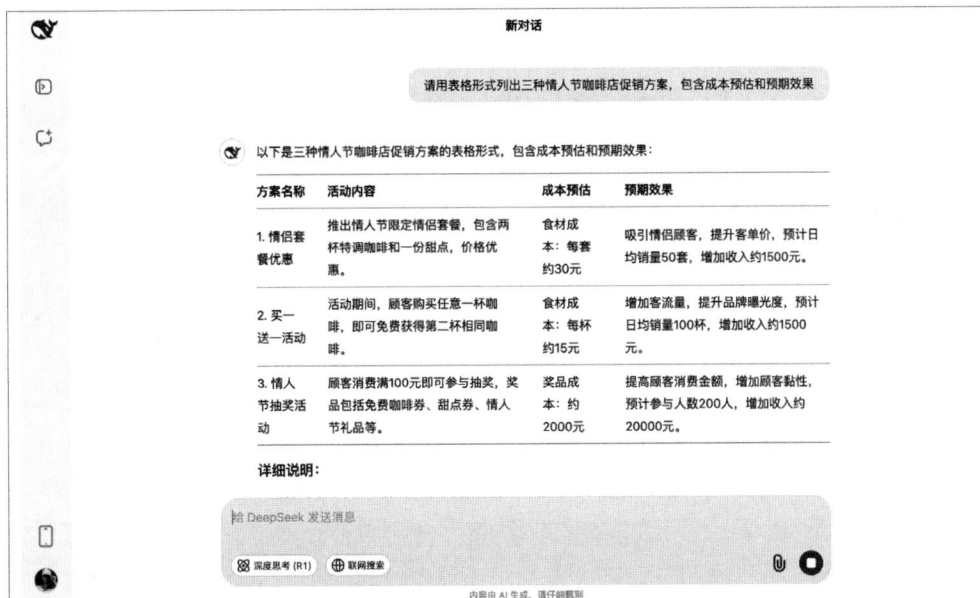

图1-9

（4）控制长度

✖错误示例：详细说明区块链。

✅正确示例：请用不超过200字解释区块链技术，让完全不懂技术的老人能听懂，如图1-10所示。

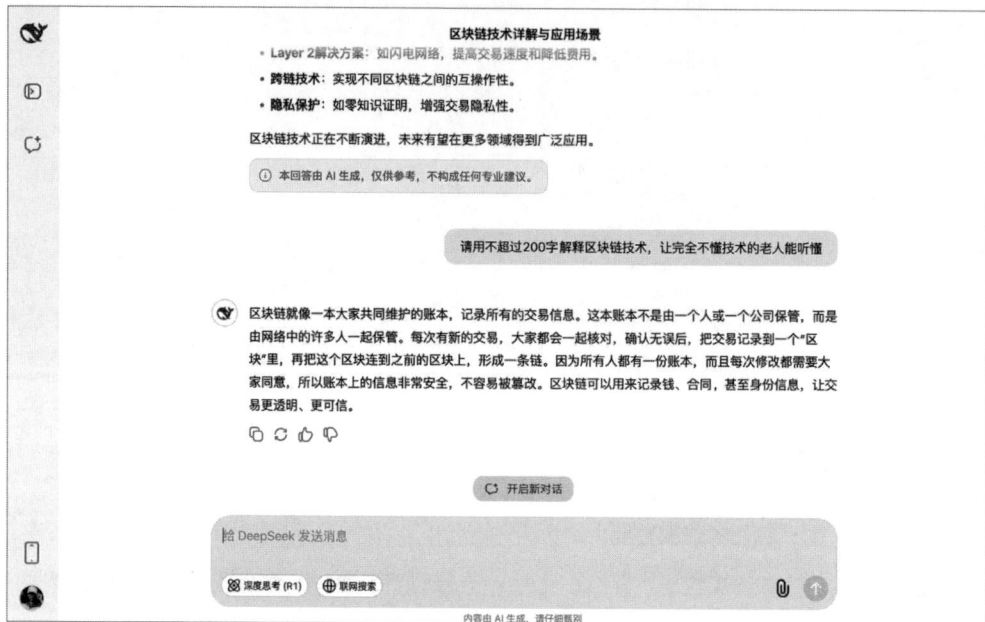

图1-10

如果DeepSeek的输出结果不尽如人意，你还可以及时纠正，示例如下。

这个方案成本太高，请提供预算控制在500元以内的版本
请用更正式的语气重写第二段

2.深度思考：让DeepSeek深入思考

开启DeepSeek的"深度思考"功能，就像为它安装的一个"思考引擎"。当你开启这个功能并向它提出问题时，它会像一位经验丰富的专家一样，对问题进行深入拆解和分析。

例如，在面对复杂且具有误导性的数学题目时，仅依赖"第一直觉"解题往往容易出错。开启DeepSeek的深度思考功能可以使其持续分析题干中的隐藏线索，并在得出答案后进行反复"验算"，从而确保最终答案的准确性。

令人惊喜的是，在DeepSeek深度思考期间，你可以清晰地看到它是如何通过自我对话、不断反刍，最终找到最佳答案的。虽然这个过程会消耗更多的时间，但它的思考往往更加全面和周密，如图1-11所示。

图1-11

3.联网搜索：连接世界的窗口

开启DeepSeek的联网搜索功能，就像为它装上了一双"千里眼"。该功能使它可以实时连接互联网，并获取最新的信息。

例如，当你想通过DeepSeek了解最新的科技动态、新闻资讯，或者某个领域的前沿知识时，开启DeepSeek的联网搜索功能就能快速得到结果。尤其是在寻找选题和热点时，开启这个功能显得尤为重要，可使DeepSeek迅速捕捉到当下的趋势和热门话题，为你的创作提供灵感和方向，如图1-12所示。

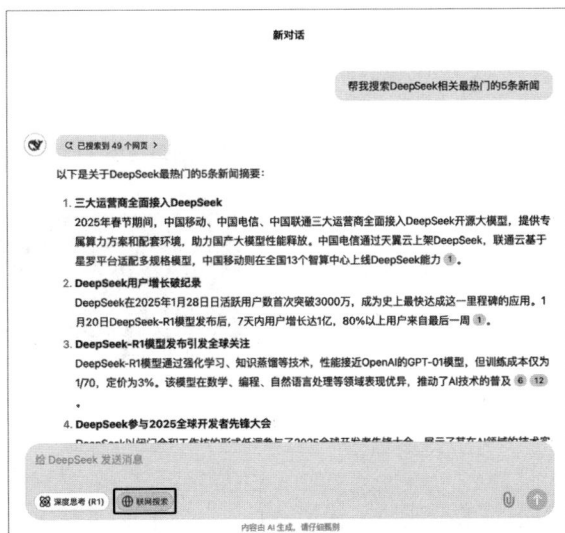

图1-12

4.上传文件：让DeepSeek成为你的私人助理

你可以将文件以附件形式上传至DeepSeek，让它帮你分析、总结并提取关键信息。例如，上传一份合同后，可以让它帮你提取重要的条款，具体操作方式如下。

01 单击对话框右下角的回形针图标 @ 上传文件，DeepSeek支持PDF、Word、TXT等格式的文件，如图1-13所示。

02 输入具体指令 帮我提取这份合同中的责任条款制成表格 并发送，如图1-14所示。

图1-13

图1-14

此外，这里还有一个进阶技巧，你可以上传多份文件之后再输入指令。例如，输入并发送 对比合同A和合同B修改内容有哪些？ 或 从这几本书中提取适合小红书的选题，让DeepSeek对这些文件进行对比分析和信息整理，如图1-15和图1-16所示。

图1-15

图1-16

5.生成代码：程序员的"神器"

如果你是程序员，DeepSeek的代码生成功能可以为你提供极大的帮助。你只需告诉它你需要能够实现什么功能的代码，它就能快速生成相应代码。例如，你可以输入并发送 帮我写一段Python代码，用来自动下载网页图片，DeepSeek就能快速帮你生成代码，如图1-17所示。

图1-17

以上便是DeepSeek的基础使用方法和技巧，掌握了这些方法和技巧，你将能够更高效地利用这款AI工具。

1.3.2 使用DeepSeek的几个"段位"

上一小节介绍了DeepSeek的基础使用方法和技巧，接下来介绍使用它的几个"段位"。就像玩游戏一样，玩家从"新手村"一步步升级，最终成为"大神"，DeepSeek的使用也有"段位"之分。下面，我将为你详细讲解其中4个段位，帮助你了解如何从简单对话，逐步升级到创新应用，一路"升级打怪"，让你成为AI应用高手。

1.初级段位：简单对话与生活、工作"小帮手"

在我们刚刚接触DeepSeek的时候，主要是用它来解决生活和工作中的一些小问题，比如写邮件、做简单的计划等。

例如，当领导突然要求你给客户写一封邮件，而你却不确定如何着手时，你可以借助DeepSeek来协助你。只需告诉它你的需求，如「我需要写一封邮件，内容是感谢客户对我们的支持，并告知他们我们即将推出的新产品」，DeepSeek就能生成格式规范、内容得体的邮件内容，如图1-18所示。

再例如，当你计划出门旅行却不知如何安排行程时，你可以告诉DeepSeek「帮我制订一个三天两夜的东京旅行计划，要求包含景点、美食和交通方式」，DeepSeek就会为你生成一份详细的旅行计划，如图1-19所示。

图1-18

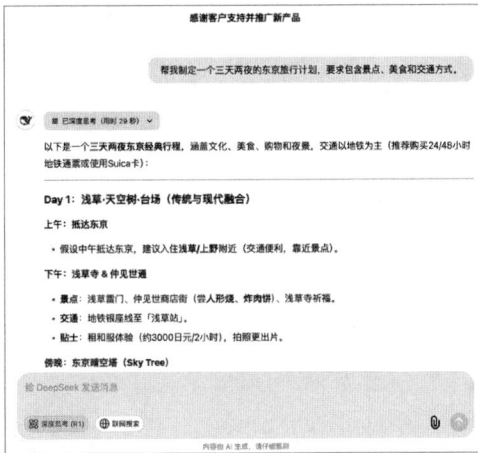

图1-19

2.中级段位：使用"组合技"解决复杂问题

当你对DeepSeek有了一定的了解后，就可以开始用它与其他工具组合来解决更复杂的问题了。你在这个段位就像学会了"组合技"，你可以将DeepSeek与其他工具相组合，使其发挥出更大的作用。

在创作内容时，你可以用DeepSeek生成文案的初稿。例如，你可以输入并发送「帮我写一段惊蛰海报的绘画提示词，15个字以内」，如图1-20所示。然后在其他AI工具

（如即梦AI）中使用DeepSeek生成的提示词去生成图片，如图1-21所示。

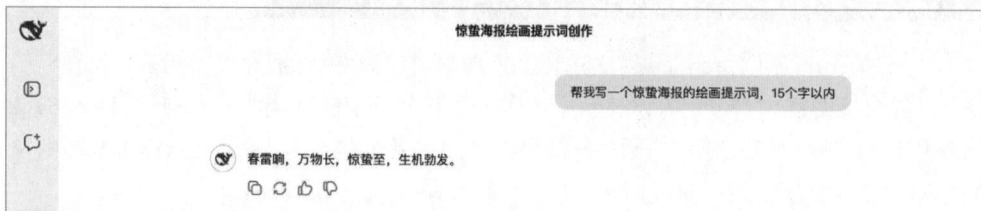

图1-20

图1-21

再例如，在分析数据时，你可以先用DeepSeek来整理和分析数据，并使其输出不同格式的。先输入并发送「请帮我把这些数据以Markdown格式输出」，DeepSeek就会生成所需的内容，如图1-22所示。之后再用专业的数据可视化工具展示数据，如图1-23所示。这样不仅能让数据呈现更加直观，还能让报告更易懂。

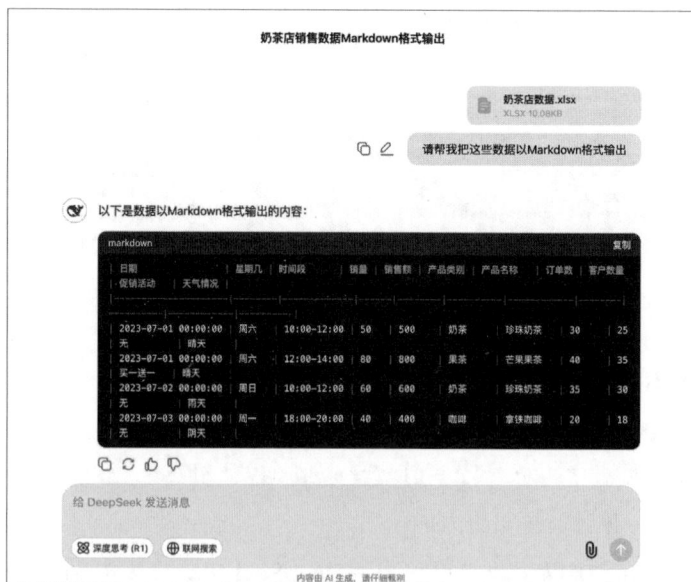

图1-22

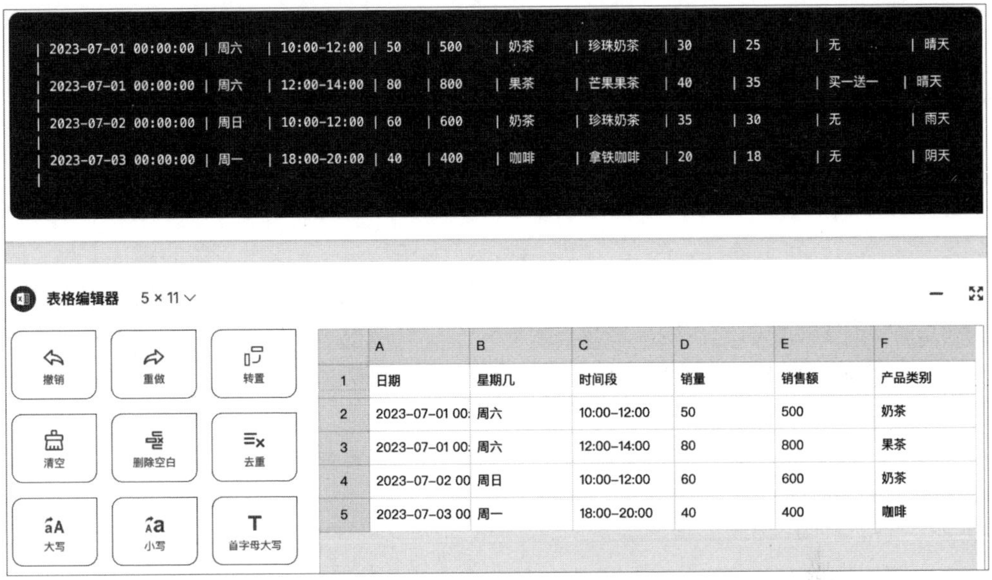

图1-23

3.高级段位：商业实践中的深度应用

到了这个段位，你已经能够熟练运用DeepSeek来解决各种商业问题了。在进行市场调研和营销策略制定时，你可以用DeepSeek收集和分析市场数据，深入了解消费者的需求和偏好。例如，你可以输入并发送「这是一家奶茶店过去三个月的销售数据，请分析周末和工作日的销量差异，并用表格方式呈现，给出三个可以提升的建议」，随后DeepSeek给出了具体的回答，如图1-24所示。这样不仅能让你的市场调研更加精准，还能让你的营销策略更具针对性。

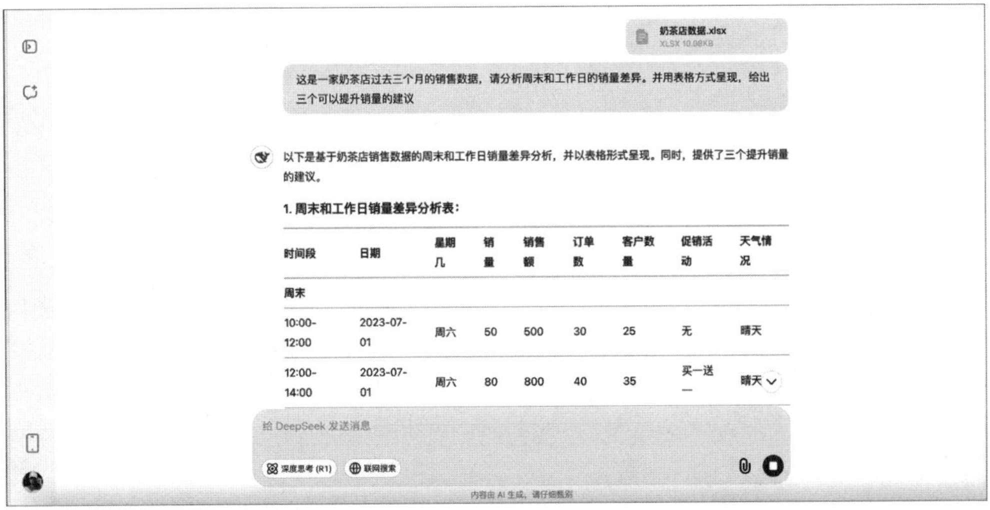

图1-24

4.专家段位：深度定制与创新应用

处于这个段位的人已经成为运用DeepSeek的专家。在这个段位，你不仅能熟练运用DeepSeek解决各种问题，还能根据自己的需求对其进行深度定制与创新应用。

例如，你可以根据业务需求，开发出专属的DeepSeek应用场景，让你的业务更加高效和智能。

再例如，你可以将DeepSeek与其他前沿技术相结合，开发出创新的解决方案，帮助你在商业竞争中脱颖而出。你可以输入并发送「抓取近半年云计算、RPA、低代码平台的用户讨论热词，筛选与AI智能体相关的需求场景，以表格形式呈现」，随后DeepSeek给出了具体的回答，如图1-25所示。

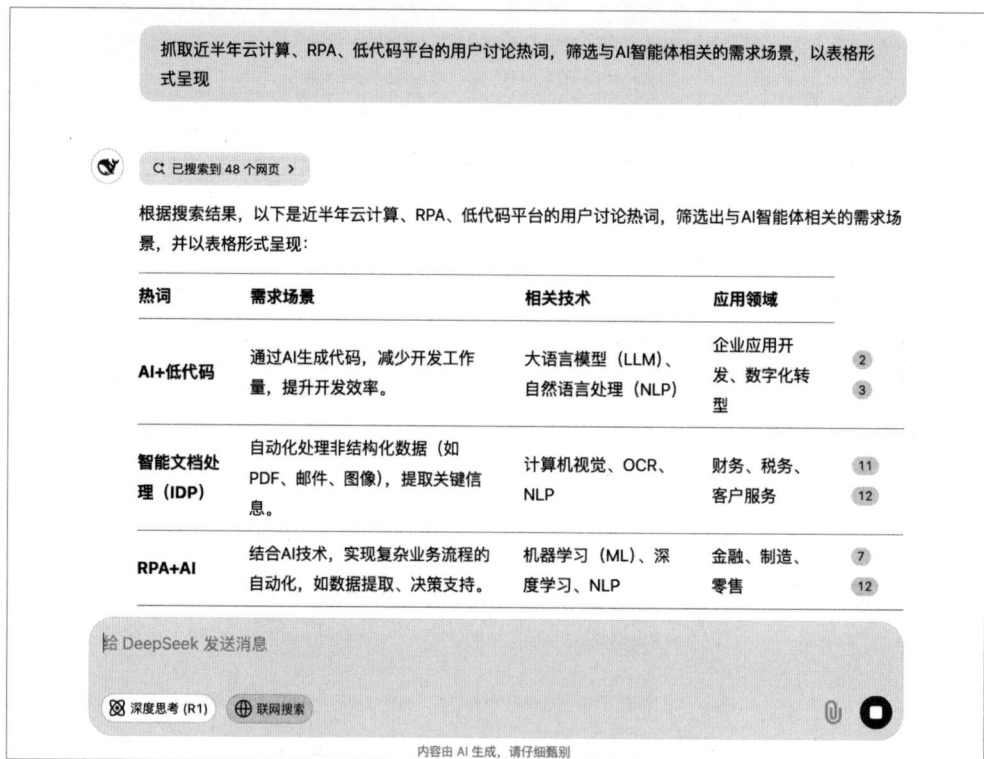

抓取近半年云计算、RPA、低代码平台的用户讨论热词，筛选与AI智能体相关的需求场景，以表格形式呈现

已搜索到48个网页 ＞

根据搜索结果，以下是近半年云计算、RPA、低代码平台的用户讨论热词，筛选出与AI智能体相关的需求场景，并以表格形式呈现：

热词	需求场景	相关技术	应用领域	
AI+低代码	通过AI生成代码，减少开发工作量，提升开发效率。	大语言模型（LLM）、自然语言处理（NLP）	企业应用开发、数字化转型	2 3
智能文档处理（IDP）	自动化处理非结构化数据（如PDF、邮件、图像），提取关键信息。	计算机视觉、OCR、NLP	财务、税务、客户服务	11 12
RPA+AI	结合AI技术，实现复杂业务流程的自动化，如数据提取、决策支持。	机器学习（ML）、深度学习、NLP	金融、制造、零售	7 12

给 DeepSeek 发送消息

深度思考 (R1)　　联网搜索

内容由 AI 生成，请仔细甄别

图1-25

那么，你目前处于哪个段位呢？如果你能看到这里，并且已经跟随我的指引使用了DeepSeek，那你至少已经处于初级段位。然而，我们的旅程才刚刚开始。你应该已经意识到，我为你设计的这条路，将一路通向专家段位。你是否也想成为DeepSeek应用高手？如果是，请系好"安全带"，我们的旅程将继续进行！

第 **2** 章

用DeepSeek
找到商业机会

2

2.1 如何找到适合自己的商业机会

近30年来，互联网引发的信息大爆炸使得人们反而在信息海洋中愈发迷茫。曾经，商业的核心命题是信息不足，是"信息差"。而如今，商业的核心命题已悄然转变为信息过载，转变为"差异化"和"个性化"。DeepSeek的最大价值之一，就是帮助你在浩瀚的信息海洋中找到适合你的商业机会。

2.1.1 寻找"差异化"

在小红书这片竞争激烈的红海中，想要找到适合自己的商业机会，关键在于"差异化"。就像在一片白茫茫的雪地里，你穿上一身红衣，瞬间就能脱颖而出，吸引所有人的目光。这就是差异化的力量，也是让你的账号能够令人过目不忘、深入人心的底层逻辑。

这里所谓的差异化，包含以下四大方面的原则。

1.规避竞争

在小红书上，小博主正面与大博主竞争，无异于以卵击石。如果一个"赛道"中已经有一位专业素质高、个人背书强、流量巨大且内容质感上乘的博主，你再创作和该博主一模一样的内容，无疑是自讨苦吃。明智的做法是找到差异化的定位，避开正面竞争。

例如，在美妆"赛道"中，许多人都在分享日常妆容教程，竞争异常激烈。但如果你能细分领域，专注于职场女性的快速通勤妆容，或者针对敏感肌人群的护肤技巧，就能迅速脱颖而出，找到属于自己的细分市场。

3.实操落地

在这个信息爆炸的时代，人们已经厌倦了空洞的说教和泛泛而谈的道理。他们更渴望的是能够直接上手操作、解决实际问题的内容。因此，你的内容越具有实操性、越接地气，就越能吸引用户。

例如，在2020年到2023年期间，许多人都在分享关于各门类、各行业的道理，但最后流量一直在不断攀升的，还是那些讲述具体事情、实操案例的博主。我自己在运营账号、开设课程和编写图书时，也始终坚持接地气的原则，避免讲太过理论化的内容。

因此，大家在复盘自己的账号时，要思考自己的内容是属于讲道理、讲认知的，还是讲案例、教实操的。那些能让用户拿来就用的内容，能更容易在当下获得市场的红利。

3.迎合趋势

趋势就像一阵风,如果你能踩准风口,就能顺势起飞。

本书也是一样,它之所以能够产生,也是因为趋势的力量。在本书中,我注入了很多心血,加入了许多全新的内容。如果我延迟半年推出这本书,可能销量就不会像准时推出的销量一样好。因此,趋势往往能带来快速起号的流量红利,大家一定要学会抓住它。

4.附加价值

在如今竞争激烈的市场环境下,单纯的自媒体或电商带货的竞争已经逐渐弱化,真正的竞争已经转移到了后端服务上。

就像本书,除了本身提供的内容讲解以外,还附赠一些实战操作的过程演示视频。当我们做账号时,无论是卖产品、做社群,还是做课程、开设训练营,核心目的都是和用户建立持续的连接,让他们持续信任你,并与你产生更多互动。因此,附加价值对于建立你和用户之间的关系至关重要。

2.1.2 找到自己的差异化定位

定位是核心中的核心。本书讲的内容、方法论和技术,都属于"术"和"技"的层面,而趋势、优势才属于"道"的层面。其实,你就是"道"的一部分。因此,你是谁、你要干什么,都至关重要。

当你读完这一章后,我希望你收获的不仅是技能和知识,更是对自己未来发展方向和道路的清晰认知。

讲了这么多,你可能会问:"那我如何找到自己的差异化定位呢?"这件事并不容易。"认识你自己"被讨论了数千年,苏格拉底毕生都在研究这件极其困难的事。但如今,有了DeepSeek,这件事突然变得简单了。接下来,我将为你讲解如何用DeepSeek辅助做天赋定位,并一步步将其转化为商业机会。

2.2 用DeepSeek做天赋定位

找到自己的天赋定位是成功的关键。天赋是你与生俱来的优势,也是你在世界上独一无二的标签。通过DeepSeek,我们可以从多个维度挖掘自己的天赋,从而找到适合自己的内容方向。

2.2.1 如何挖掘自己的天赋

下面，我将详细讲解如何从过往职业经历、兴趣爱好以及现有项目和资源中挖掘自己的天赋。

1.从过往职业经历中挖掘

你的职业经历是人生经历中宝贵的一部分，它不仅塑造了你的专业技能，还培养了你的思维方式和解决问题的能力。尤其是那些能为你带来报酬的职业经历，往往隐藏着你在小红书上的商业潜力。通过DeepSeek，我们可以深入分析你的职业经历，挖掘出你的天赋。

例如，我过去的一位学员小李，他是一名拥有多年经验的财务工作者。他在DeepSeek中输入了自己的职业经历和相关技能，DeepSeek分析后发现，他在数据分析和风险控制方面有很强的能力。于是，小李开始在小红书上分享自己的财务知识和理财经验，很快就吸引了一大批对理财感兴趣的粉丝。他的内容不仅专业，而且通俗易懂，粉丝们纷纷点赞和收藏。

2.从兴趣爱好中挖掘

兴趣爱好是生活中不可或缺的一部分，它们不仅让生活变得更加丰富多彩，还可能成为你在小红书上的独特"卖点"。通过DeepSeek，我们可以深入分析你的兴趣爱好，挖掘出你的天赋。

例如，我曾为大学同学小张做了一个定位测试，小张从上学时就是一位摄影爱好者，对摄影有着浓厚的兴趣和独特的见解，也在小红书上持续更新自己的商拍作品。我让他在DeepSeek中输入了自己的兴趣爱好和相关技能，经过DeepSeek分析后小张发现，他确实适合从事这一领域的工作。

兴趣爱好是最好的老师，有了兴趣爱好，我们就能长期坚持。而在小红书上，只要你对兴趣爱好坚持得足够久，就会有所收获。如果你的兴趣爱好还具备一定的独特性，那么它还能成为你的差异化"卖点"。

3.从现有项目和资源中挖掘

你目前拥有的项目和资源，也是挖掘天赋的重要来源。通过DeepSeek，我们可以深入分析你习以为常的项目和资源，挖掘出那些隐藏的天赋。正如西方谚语所说："你满世界苦苦寻找的宝藏，可能就在自家后花园里。"

我刚做自媒体时，有一位同学在小红书上尝试了多条"赛道"都没有成效。后来，我偶然发现她家的狗狗非常可爱，便建议她尝试做宠物博主。她最初还不以为意，但随手拍了一段狗狗的视频后，竟然意外爆火。没想到，她一开始绞尽脑汁想靠才华征服观众，结果却因可爱的狗狗收获了成功。

通过这些案例，你会发现天赋其实早有迹象，只是当局者迷，或因习以为常而忽视了自身的天赋。而DeepSeek正是帮你解决这一问题的利器。

2.2.2 DeepSeek天赋问卷调查

那么，如何让DeepSeek帮助我们挖掘天赋呢？我特地准备了一份问卷，填好问卷并在DeepSeek中发送后，DeepSeek就能精准为你指引方向。

之前提到过，在小红书这个竞争激烈的平台上，想要脱颖而出，关键在于找到自己的差异化定位。而这份问卷，正是帮助你找到自己的差异化定位的神器。正如前面提到的，DeepSeek的能力在于，你的问题越详细，它的输出内容就越精准。通过填写这份问卷，你可以获得专属于你的天赋报告。这在过去可能需要高价聘请专业咨询师才能完成，现在每个人都能轻松实现。

1.问卷的内容

确保你在一个安静、不受打扰的环境中，这样可以让你更专注地思考和填写问卷。问卷的内容应该包含以下几个方面。

基础信息： 介绍你的个人背景，包括姓名、年龄、性别、所在城市、教育背景和家庭情况。这些信息可以帮助DeepSeek更好地了解你的生活状态和背景，从而提供更精准的建议。

职业经历与技能： 包括你主要从事过哪些领域的工作、最擅长解决什么类型的问题、是否拥有特定的身份或背景等。这些信息有助于DeepSeek更好地了解你的专业能力和经验，找到你的核心竞争力。

兴趣爱好： 列出你的兴趣爱好，包括长期坚持的超级高频兴趣爱好、在这些领域取得的突出成绩、是否有正在学习且打算长期坚持的兴趣爱好等。兴趣爱好可以成为你在小红书上的独特"卖点"，让你的内容更具吸引力。

行业资源与项目： 描述你在某些行业拥有的项目或产品资源优势，包括主要竞争对手、与主要竞争对手相比你的优势、目前最热门的趋势等。这些信息有助于DeepSeek更好地了解你的市场定位和竞争优势，从而提供更有针对性的建议。

以下是详细的问卷内容。

一、基础信息

1.您的姓名（可匿名）：

2.年龄：

3.性别：

4.城市：

5.教育背景（学历、专业）：

6.家庭情况（是否已婚/有孩子）：

二、职业经历与技能

1.您主要从事过哪些领域的工作？分别持续了几年？

2.您最擅长解决什么类型的问题？哪些经历给您带来了显著成绩？

3.您是否拥有特定的身份或背景？（例如名校毕业、专家头衔、荣誉证书等。）

三、兴趣爱好

1.您有哪些长期坚持的超级高频兴趣爱好？

2.在这些兴趣爱好领域中，您是否取得过突出成绩并获得广泛认可？

3.您是否有正在学习且打算长期坚持的兴趣爱好？

四、行业资源与项目

1.您是否在某些行业拥有项目或产品资源优势？（例如低价货物渠道、产品研发能力等。）

2.您认为在自己所在的行业或领域中，您的主要竞争对手是谁？与他们相比，您有哪些优势？

3.您觉得在自己所在的行业或领域中，目前最热门的趋势是什么？

2.分析与反馈

在填写完问卷后，如何借助DeepSeek分析问卷并生成建议？这里需要用到上传文件功能，同时我也为你准备了一份实用的提示词。

01 填写完问卷后，单击回形针图标 @，将问卷提交给DeepSeek，如图2-1所示。

我是 DeepSeek，很高兴见到你！

我可以帮你写代码、读文件、写作各种创意内容，请把你的任务交给我吧~

仅识别附件中的文字

小梅的天赋测试问卷……
DOCX 11.7KB

图2-1

02 输入并发送下面的提示词，DeepSeek会生成详细的IP定位分析报告，如图2-2所示。

#你是"小红书IP定位分析"专家！根据我的个人信息调查问卷，你将为我精准分析优势，并量身打造明确的IP定位方案。该方案涵盖定位与人设塑造、变现路径规划、选题与内容设计，以及账号商业价值全方位评估。

#输出：IP定位分析报告

分析维度包括内容定位和人设、变现路径设计、选题和内容设计、商业价值评估（每一个维度分别以表格形式呈现）

图2-2

2.3 用DeepSeek做商业趋势定位

在小红书上，趋势的表现形式多种多样，比如热门话题、流行风格、用户需求的变化等。如果你能敏锐地捕捉到这些趋势，并顺势而为，你的内容就更容易被用户接受和喜爱。例如，近年来，随着人们对健康生活的追求，健身、养生等话题在小红书上越来越火。如果你能提前布局，就很容易吸引大量用户的关注。反之，如果你还在固守一些过时的方向，即使付出巨大努力，也难以获得流量。

2.3.1 如何评估商业赛道的好坏

我曾经是一个不重视趋势，只凭个人天赋做事的人。过去，我喜欢宅在家里读中西方哲学史，或者在互联网上与人探讨哲学话题。在这期间，我尝试过做哲学类账号，虽然我在这个领域有一定的天赋，但这类内容并未获得太多关注和认可。我想，这可能是不重视趋势的后果。

后来，我开始重视趋势，却又陷入了另一个坑——无脑跟随趋势。记得有一阵子，情感类"赛道"特别火，身边很多小红书博主依托这条"赛道"赚得盆满钵满。然而，由于我对这个"赛道"了解得不够深入，创作的内容质量并不高，用户反响平平。等到我真正深入这条"赛道"时，趋势已经过去，平台也开始对某些内容进行限制。这次经历让我深刻认识到,如果不能顺势而为,即使再有天赋,也难以取得成功。而真正要做到顺势而为,找到合适的"赛道",也是一件极具挑战的事情。

在本书中,我把我在小红书进行内容创作和创业的过程中换过的"赛道"、踩过的坑、流过的泪和总结出的经验全部分享给你。如何通过4个维度科学地选择合适的商业"赛道"?对于这个问题,下面我们就做一个全面的分析。明确方向后,我们就能利用DeepSeek轻松地做出选择了。

1.人群广泛度

人群广泛度是指目标受众的规模和覆盖面。在小红书上,了解目标受众的人群广泛度,可以帮助你判断一条"赛道"的潜力。例如,母婴类"赛道"在小红书上就具有很高的人群广泛度。数据显示,小红书的主要活跃用户群体之一就是追求精致生活的妈妈。如果你的内容面向这个群体,就有很大的机会获得关注和认可。

2.人群付费能力

人群付费能力是指目标受众的消费能力和意愿。在小红书上,用户的消费能力普遍较高,尤其是女性用户。有关数据显示,小红书的女性用户占比近80%,她们是平台上的消费主力军。如果你的内容能够吸引这些拥有高消费能力的用户,就有更大的机会实现商业变现。例如,时尚穿搭"赛道"的用户消费能力就很高,用户愿意为高品质的时尚产品买单。

3.痛点指数

痛点指数是指目标受众在某个领域的需求强度。在小红书上,用户的痛点往往集中在生活、工作、学习等方面。如果你的内容能够解决用户的这些痛点,就有更大的机会获得用户的关注和认可。例如,健身"赛道"的痛点指数就很高,用户对健身知识和技巧的需求非常强烈。

4.用户认知变化

用户认知变化是指用户对某个领域或话题的认知和态度的变化。在小红书上,用户认知变化往往会影响"赛道"的趋势。例如,近年来,随着文化自信的提升,涉及传统文化、非遗技艺的内容在小红书上越来越受欢迎。再例如,与AI相关的"赛道"也涌现了一大批博主,这背后正是因为用户对AI技术的认知和态度发生了变化,尤其是在2025年初DeepSeek国内全网爆火甚至全球爆火之后。

实际上,DeepSeek的研发早已进行,但全世界对其认知的普及需要一定周期。如果你能敏锐地捕捉到这种变化,就能先人一步。

当你知道自己要寻找什么答案时,你就知道该提出什么问题。借助DeepSeek的联网搜索和深度思考功能,你可以轻松判断全球趋势,为你的小红书内容创作提供方向。

接下来,我将为你准备一个具体的商业分析实操方法,该方法可以让DeepSeek帮你找到最适合自己的"赛道"。

2.3.2 DeepSeek商业评估问卷

本小节将稍微具体地介绍如何使用DeepSeek来进行问卷调查,从而为你量身打造一个明确的IP定位方案,这一过程主要包含以下两个关键要点。

1.输入问卷信息

在DeepSeek的对话框中,输入并发送你在2.2.2小节填写的问卷。可以通过上传文件的形式导入问卷,如图2-3所示,或者直接在提问的最后附上问卷内容。

图2-3

2.结合新的提示词

输入问卷信息后,再输入并发送下面这段提示词,让DeepSeek为你进行更深入的分析,如图2-4所示。

#输出:IP定位分析报告

分析维度包括内容定位和人设、变现路径设计、选题和内容设计、商业价值评估(每一个维度分别以表格形式呈现)

1.内容定位和人设包括

定位:[具体定位描述]

人设:[具体人设描述]

差异化要素:[差异化要素描述]

用户关系:[用户关系描述]

2.变现路径设计包括

根据定位选择有可能的1-3种适合的变现方式。比如,广告合作、私域电商带货、知识付费课程、定制化服务等。

如果是广告合作,要包含:

广告主信息:[广告主信息]

合作形式:[合作形式描述]

如果是私域电商带货,要包含:

引流品:[引流品描述]

正价品:[正价品描述]

利润品：[利润品描述]

如果是知识付费课程，要包含：

引流品：[引流品描述]

正价品：[正价品描述]

利润品：[利润品描述]

如果是定制化服务，要包含：

服务内容：[服务内容描述]

收费模式：[收费模式描述]

3.选题和内容设计

系列选题：

选题1描述、选题2描述、选题3描述……

内容形式：

内容形式1描述、内容形式2描述、内容形式3描述……

4.商业价值评估

人群广泛度（流量大小）：[评分]/10

分析：[分析内容]

人群付费能力（赚钱天花板）：[评分]/10

分析：[分析内容]

痛点指数（成交转化率）：[评分]/10

分析：[分析内容]

未来趋势（赛道红利）：[评分]/10

分析：[分析内容]

我是 DeepSeek，很高兴见到你！

我可以帮你写代码、读文件、写作各种创意内容，请把你的任务交给我吧~

仅识别附件中的文字

小梅的天赋测试问卷....
DOCX 11.7KB

输出：IP 定位分析报告
分析维度包括内容定位和人设、变现路径设计、选题和内容设计、商业价值评估（每一个维度分别以表格形式呈现）
1. 内容定位和人设包括
定位：[具体定位描述]
人设：[具体人设描述]
差异化要素：[差异化要素描述]
用户关系：[用户关系描述]
2. 变现路径设计包括
根据定位选择有可能的1-3种适合的变现方式。比如，广告合作、私域电商带货、知识付费课程、定制化服务等。
如果是广告合作，要包含：

深度思考 (R1)　　联网搜索

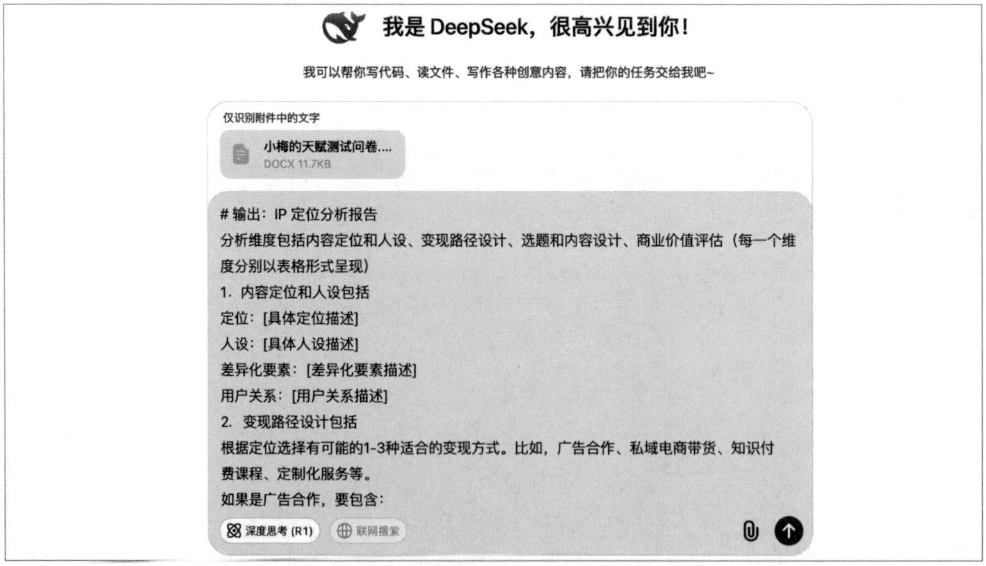

图2-4

这次的IP定位分析报告中，不仅包含对你的天赋的详细分析，还结合“赛道”分析了4个核心维度（人群广泛度、人群付费能力、痛点指数、用户认知变化），可以帮助你选择最合适且最顺应趋势的方向，如图2-5所示。

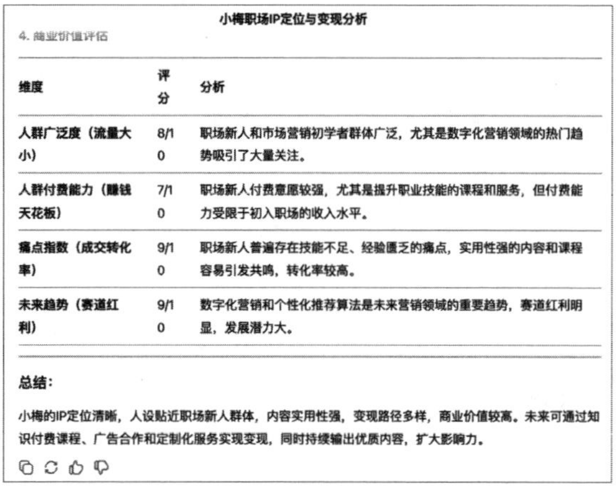
小梅职场IP定位与变现分析

4. 商业价值评估

维度	评分	分析
人群广泛度（流量大小）	8/10	职场新人和市场营销初学者群体广泛，尤其是数字化营销领域的热门趋势吸引了大量关注。
人群付费能力（赚钱天花板）	7/10	职场新人付费意愿较强，尤其是提升职业技能的课程和服务，但付费能力受限于初入职场的收入水平。
痛点指数（成交转化率）	9/10	职场新人普遍存在技能不足、经验匮乏的痛点，实用性强的内容和课程容易引发共鸣，转化率较高。
未来趋势（赛道红利）	9/10	数字化营销和个性化推荐算法是未来营销领域的重要趋势，赛道红利明显，发展潜力大。

总结：

小梅的IP定位清晰，人设贴近职场新人群体，内容实用性强，变现路径多样，商业价值较高。未来可通过知识付费课程、广告合作和定制化服务实现变现，同时持续输出优质内容，扩大影响力。

图2-5

在2.2节和2.3节的案例中，我们通过问卷形式让DeepSeek快速了解了你的个人信息，并结合全网大数据为你提供了小红书的天赋定位和商业趋势定位建议，同时对商业化潜力和变现方式进行了数据评分。然而，小红书作为一个以视觉为核心的平台，仅通过文字对话是否遗漏了某些关键信息？

2.4 结合使用豆包做长相定位

在从宏观和微观两个维度深入探讨天赋定位和商业趋势定位后，我们可能忽略了一个看似肤浅却至关重要的维度——长相定位。在这个“看脸”的时代，尤其是在小红书上，长相定位是账号运营成功的关键一环。接下来，我将为大家讲解如何结合使用豆包来做长相定位，让你的账号运营赢在“起跑线”上。

2.4.1 如何找到长相适合的赛道

为什么长相定位如此重要？在小红书上，在用户观看内容之前，封面中你的长相已经传递了很多信息。在我见过的失败案例中，就有“逆长相”做事导致失败的案例。

我过去的一位“98年”的学员，外表看起来特别稚嫩，但他却是两家心理咨询工作室的老板，年营收过百万元。他想做一个商业账号，却始终流量不高。是因为他没有成就吗？不是，他取得了不错的成就。是因为他的内容没有“干货”吗？也不是，他的内容很有价值。是因为他的表达力差吗？同样不是，他的表达也很流畅。问题在于，他的长相太年轻，用户很难相信他是一个经验丰富的老板。但是如果我们掌握了一些长相定位的方法，其实就可以避免这样的问题出现。

定位其实还包括长相定位。接下来，我将详细讲解如何通过AI进行长相定位，让你的账号形象与内容完美契合，赢得用户的信任与喜爱。

我们首先需要弄清楚，不同长相和不同"赛道"之间隐秘的关系。

1.暖系长相

如果你的长相给人温暖、亲切的感觉。

内容方向：美食分享、生活记录、情感故事。

人设：温暖的邻家女孩/男孩，擅长用温暖的文字和图片传递生活中的小美好。

2.靠谱长相

如果你的长相给人可靠、专业的感觉。

内容方向：好物推荐、产品评测、知识科普。

人设：专业的测评师/科普达人，擅长用专业的知识和经验为用户提供有价值的建议。

3.甜系长相

如果你的长相给人甜美、可爱的感觉。

内容方向：美妆教程、时尚穿搭、手账分享。

人设：甜美的时尚达人，擅长用甜美的风格和实用的技巧吸引用户。

4.普通长相

如果你的长相比较普通，没有特别突出的特征。

内容方向：美妆教程、时尚穿搭、生活记录。

人设：普通的上班族/学生党，擅长用接地气的方式分享生活中的点滴。

5.凶系长相

如果你的长相给人严肃、有气场的感觉。

内容方向：剧情演绎、"反差萌"、搞笑视频。

人设：严肃的外表下有一颗搞笑的心，擅长用"反差萌"吸引用户。

6.喜感长相

如果你的长相给人幽默、有趣的感觉。

内容方向：搞笑视频、生活趣事、产品评测。

人设：幽默的"段子手"，擅长用搞笑的方式传递生活中的小美好。

那么你属于哪种长相呢？如果你还不确定，接下来我会告诉你如何让豆包帮你做长相定位。

2.4.2 用豆包做长相分析测试

关于长相分析测试，这里我们暂时需要用到一个辅助工具——豆包。

豆包是字节跳动旗下的一款AI助手，与DeepSeek的深度思考功能不同，它更侧重于多模态功能，尤其是图像阅读功能。无论是日常知识问答、学习资料查询，还是创意写作辅助、语言翻译等任务，豆包都能轻松应对。作为"字节系"的AI工具，豆包还具备读取抖音链接的能力，并能集成"字节系"软件的各种功能。

以下是具体的操作过程。

01 拍摄照片。拍摄一张清晰的正面照片，确保照片光线充足，背景简洁，能够清晰地展示你的面部特征。不要拍摄表情夸张的照片或对照片进行过度美颜，以免影响分析结果。

02 上传照片。打开豆包，单击对话框左下方的"添加图片"图标，选择你拍摄好的照片进行上传。上传完成后，照片会显示在对话框中，如图2-6所示。

图2-6

03 输入分析指令。在对话框中输入并发送「请根据我的照片，分析我的长相特征，为我推荐适合的内容方向、人设和小红书赛道，并提供长相记忆点分析及名人案例作为参考」，如图2-7所示；也可以直接输入并发送下面这段提示词，这样你就能获得完整的长相定位。

#请根据我的照片，分析我的长相特征，并为我推荐适合的内容方向、人设和小红书赛道，并提供长相记忆点分析及名人案例作为参考。

#分析维度

1.长相特征：智能体将分析照片中人物的长相特点，如气质、风格等。

2.适合赛道：根据长相特征，智能体将推荐最适合的自媒体赛道。

3.记忆点分析：智能体将提取人物长相的独特记忆点，并解释其在自媒体中的优势。

4.名人案例：智能体将提供与您长相特征相似的名人案例，作为参考。

理论框架：

暖系长相：适合零食带货，给人一种亲切、温暖的感觉，容易建立信任。

靠谱长相：适合好物分享，给人一种专业、可靠的印象，容易获得观众的信任。

甜系长相：适合数码、财经、科技领域，甜美的形象可以中和这些领域的严肃感，吸引更多观众。
普通长相：适合美妆博主，接地气的形象更容易让观众产生共鸣。
凶系长相：适合剧情类内容，尤其是“反差萌”或反转剧情，可以带来强烈的视觉冲击。
喜感长相：适合评测类内容，幽默的形象可以增加内容的趣味性和吸引力。

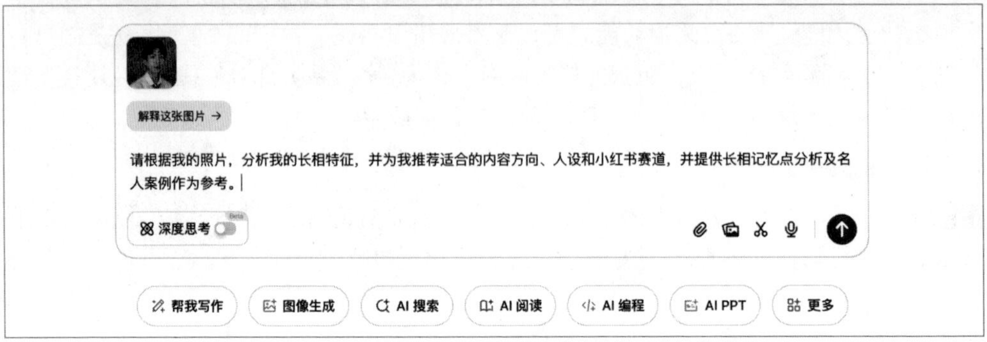
解释这张图片 →
请根据我的照片，分析我的长相特征，并为我推荐适合的内容方向、人设和小红书赛道，并提供长相记忆点分析及名人案例作为参考。
深度思考
Beta
帮我写作
图像生成
AI 搜索
AI 阅读
AI 编程
AI PPT
更多

图2-7

04 选择适合自己的“赛道”。可以参考豆包生成的总结，选择适合自己的“赛道”，如图2-8所示。

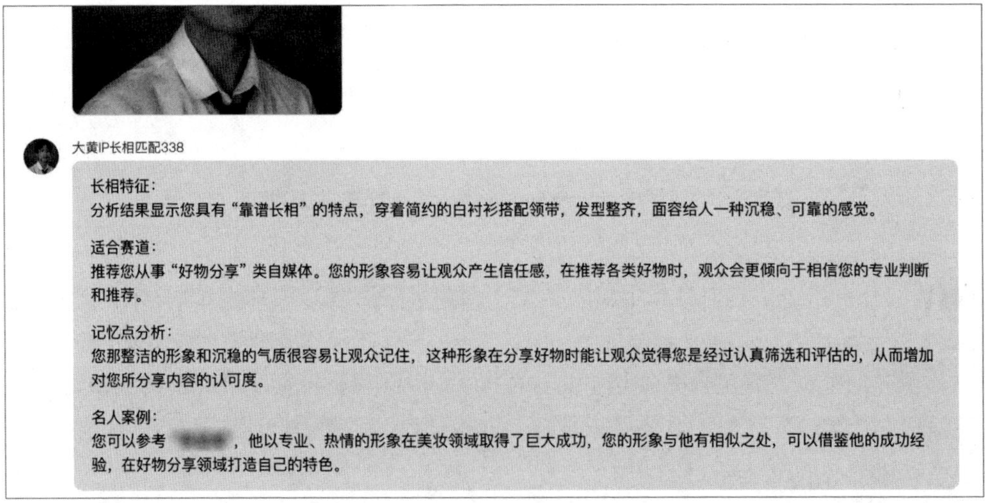
大黄IP长相匹配338
长相特征：
分析结果显示您具有“靠谱长相”的特点，穿着简约的白衬衫搭配领带，发型整齐，面容给人一种沉稳、可靠的感觉。
适合赛道：
推荐您从事“好物分享”类自媒体。您的形象容易让观众产生信任感，在推荐各类好物时，观众会更倾向于相信您的专业判断和推荐。
记忆点分析：
您那整洁的形象和沉稳的气质很容易让观众记住，这种形象在分享好物时能让观众觉得您是经过认真筛选和评估的，从而增加对您所分享内容的认可度。
名人案例：
您可以参考 ，他以专业、热情的形象在美妆领域取得了巨大成功，您的形象与他有相似之处，可以借鉴他的成功经验，在好物分享领域打造自己的特色。

图2-8

第 3 章

用DeepSeek
打造亮眼账号

3

3.1 用DeepSeek起名字

在确定了自己的定位之后，如何用DeepSeek起一个让人过目不忘的名字呢？这是至关重要的一步，因为名字是你的"视觉锤"，也是你的"文字钉"。一个好的名字，能让你的账号在小红书的茫茫人海中脱颖而出。

那么，什么样的账号名字才算好呢？又该如何借助DeepSeek来起名呢？在本节中我们会对这两个问题进行详细探讨。

3.1.1 好名字的标准

我之前辅助近千位博主起号，总结了一些核心方法论。毫不夸张地说，如果你想成为一个优秀的博主，一个好的名字能帮你省下很多的投流费用。名字的重要性，远远超过单条内容本身的重要性，内容可以每期都不同，但名字是用户每次都能看到的，它也是你在第2章中找到的定位的直观呈现。

此外，如果你的名字起得好，还能引发用户的好奇心，促使他们点进主页查看你的简介，进而关注你甚至购买你的产品或服务。

下面分享3种起名字的核心方法，它们分别对应3种不同的变现模式。

1.巧用名词制造冲突

例如，"铁岭县刘辉商店""小华佗""西兰花以及电器鼠"。每一个名字的背后都蕴含着强烈的冲突感，这种冲突感带来的差异，能让你更快地记住一个人。这种起名方法特别适合颜值类、搞笑类的账号，以及面向大众的内容IP。

2.IP加形容词体现调性

例如，"薛辉小清新""刀小刀爱叨叨""小气球的喜欢力"。这样的名字更适合话题类、知识类的账号，通过形容词的修饰，用户能更快地记住你，感受到你的风格，提高被用户关注的概率。

3.IP加"赛道"体现专业性

例如，"大黄AI黑科技""老金说日语""钟小棵摄影""H的礼物清单"。这种起名方法更适合做产品或带货的账号，因为名字中直接体现了专业领域，能增强用户的信任感，从而提升销售转化率。

总结一下，起名字绝不是一件独立的事情，它需要与你的商业模式、简介、广告语和头像内容紧密结合，产生化学反应，只有这样才能形成一个真正的好名字。

3.1.2 用DeepSeek生成创意账号名

在2.4.2小节中，我们讲解了如何用豆包进行长相定位。在本小节，我们将进入实操环节，详细讲解如何根据2.4.2小节的定位信息，借助DeepSeek起一个让人过目不忘的好名字。

01 回顾定位信息。回顾一下你在之前的2.4.2小节中通过豆包得到的长相定位信息，包括你的长相特征、适合的内容方向和人设等。这些信息将为起名字提供重要参考。

02 明确目标。确定你想要起名字的账号类型，判断是个人账号、品牌账号还是其他类型的账号。明确目标有助于你更好地选择名字的风格和方向。

03 输入提示词。在DeepSeek的对话框中输入并发送以下提示词，如图3-1所示。

#请根据我的定位信息，为我起一个过目不忘的好名字。我的定位信息是[你的定位信息]。

#通常在设计整体账号名时，有以下一些设计方法。

1.巧用文化名词制造冲突：通过组合两个看似毫不相关的名词，制造出强烈的冲突感和差异感，让人瞬间记住。例如"铁岭县刘辉商店""小华佗"等，这种方式更适合颜值类、搞笑类等大众内容的IP。

2.IP加形容词体现调性：在名字中加入形容词，突出您的个性、风格或调性，让用户快速了解您的特色。比如"薛辉小清新""刀小刀爱叨叨""小气球的喜欢力"，这种方式更适合话题类、知识类的IP。

3.IP加赛道体现专业性：将您的名字与所处的领域或赛道相结合，展现出专业性，便于用户识别和信任。像"大黄AI黑科技""老金说日语""钟小楔摄影"等，这种方式更适合做产品或带货类的IP。

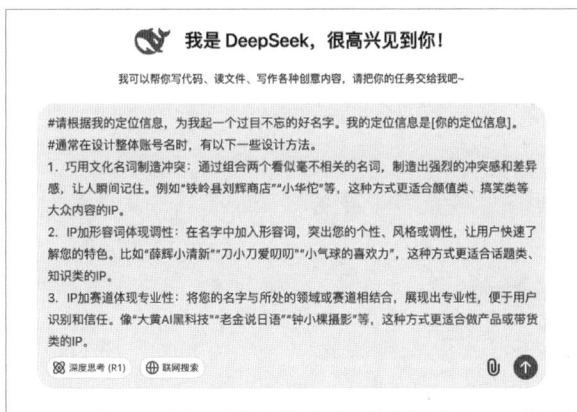

图3-1

04 评估和选择名字。根据3.1.1小节讲过的好名字的标准，评估DeepSeek生成的名字是否令你满意。如果不满意，可以调整提示词让DeepSeek修正方向，或者让DeepSeek继续生成更多备选名字。

3.2 用DeepSeek写简介

在3.1节我们讲解了如何用DeepSeek起一个让人过目不忘的好名字,本节我们将深入探讨如何用DeepSeek撰写清晰的、吸引人的简介。

3.2.1 简介的撰写要点

简介是用户在看到你的名字后,有助于进一步了解你的关键信息。它就像一座桥梁,连接着你的名字和内容,让用户知道你是谁,你能提供什么价值,以及他们需要付出什么成本来获取这些价值。

好的简介就像一个高效的广告位,用户看到后可能会直接关注你,甚至引发购买行为。而差的简介,对用户来说可能只是一堆无关紧要的文字。为什么会有这样的区别?接下来,我将为你讲解写简介的4个核心要点,以解答这个问题。

1.聚焦细分

你的定位、商业变现方式和名字都需要垂直统一,让用户一眼就能看出你的账号是做什么的。例如,如果你的名字是"大黄AI黑科技",用户看到后,大概就能猜到你的账号与AI相关。当他们点进你的主页时,发现你的简介表明你确实专注于AI领域的内容,就会更加认可关注你的意义。

2.提供价值

你需要明确告诉用户,你能为他们提供什么价值,也就是你的核心产品或服务。例如,你可以写"我是大黄,用AI降低自媒体创作门槛",让用户清楚地知道你能帮助他们解决自媒体创作中的难题。

3.成本问题

你需要明确告诉用户,他们需要花费多少时间和成本来获取你的价值。例如,你可以写"免费一键赠送,3步教会你一个技能",让用户知道他们能够以极短的时间和极低的成本来获取你的价值。

4.人设介绍

落实这个核心要点可以增强用户的信任感,让他们更愿意购买你的产品或服务。例如,你可以写"我是大黄,微软AI官方培训师",让用户知道你在该领域有专业的背景和资质。

举个例子来说明上述内容,下面是我自己的简介内容,如图3-2所示。

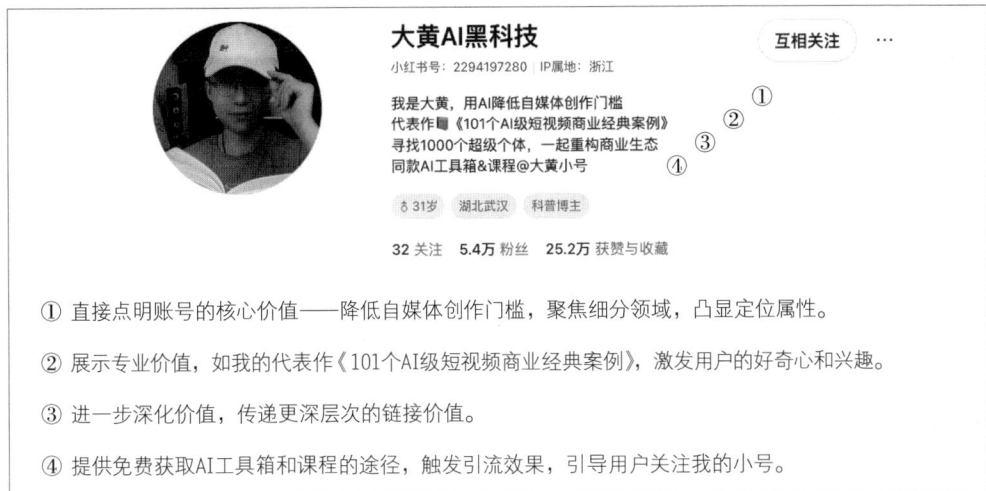

大黄AI黑科技   互相关注   …

小红书号：2294197280 ｜IP属地：浙江

我是大黄，用AI降低自媒体创作门槛
代表作➡《101个AI级短视频商业经典案例》
寻找1000个超级个体，一起重构商业生态
同款AI工具箱&课程@大黄小号

♂31岁   湖北武汉   科普博主

32 关注   5.4万 粉丝   25.2万 获赞与收藏

① 直接点明账号的核心价值——降低自媒体创作门槛，聚焦细分领域，凸显定位属性。

② 展示专业价值，如我的代表作《101个AI级短视频商业经典案例》，激发用户的好奇心和兴趣。

③ 进一步深化价值，传递更深层次的链接价值。

④ 提供免费获取AI工具箱和课程的途径，触发引流效果，引导用户关注我的小号。

图3-2

　　这样一个简介模板，每天都能为我的账号带来高效的引流和转化效果。并不是因为这几句话写得多好，而是因为它们能满足用户的需求。如果你还不擅长写出能带来引流和转化效果的简介，那就让DeepSeek帮你完成吧。

3.2.2 用DeepSeek生成简介

　　让DeepSeek撰写小红书简介的关键是让它理解适合小红书简介的格式特点，并让它充分了解你的定位内容和账号名，从而生成匹配的内容。

01 结合定位内容。这是DeepSeek写简介的主要参考依据。如果没有明确的定位内容，可以回到第2章获取相关信息。

02 结合账号名。DeepSeek可以将你的账号名有机融合到简介中。如果还没有起好名字，可以回到3.1.2小节生成一个合适的账号名。

03 输入指令。在DeepSeek的对话框中，输入并发送以下指令。

> #请根据我的IP定位和您的账号名「你的账号名」和定位「你的定位」，设计一个简介。
> #通常在撰写简介时，会突出以下要点。
> 　　吸引用户关注：明确告诉用户为什么要停下来看你的内容。（例如，降低短视频的创作门槛，每天一道快手减脂餐，创业信息差早知道）
> 　　介绍身份与价值：简洁说明你是谁，能为用户带来什么价值。（例如，清华大学博士，10年资深文案编辑，字节大厂离职创业）
> 　　明确成本与收益：让用户清楚获取价值需要付出什么，以及能得到什么结果。（例如，7天开口说英语，免费领取DeepSeek实操资料包）

04 获取简介建议。DeepSeek会根据你的定位内容和账号名，生成一个清晰的简介建议，如图3-3所示。

05 评估和修改。评估DeepSeek生成的简介建议是否符合你的需求，并进行必要的修改和完善。

通过以上步骤，你可以借助DeepSeek写出与定位内容和账号名匹配且清晰的简介，让你的账号在小红书上更具吸引力。

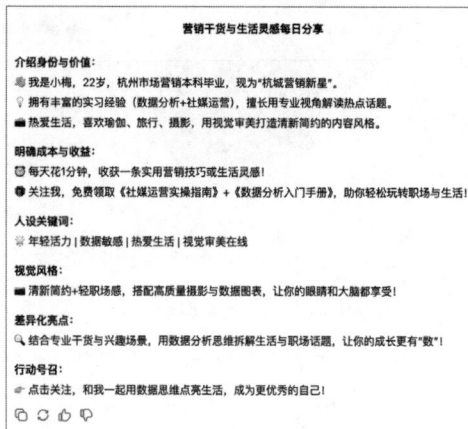

图3-3

3.3 用DeepSeek和即梦AI生成头像

头像作为账号的门面，是吸引用户关注的重要元素之一。一个好的头像不仅能提升账号的辨识度，还能传递出你的个人风格和专业形象。接下来，我们将从头像的设计原则和生成实践两个方面，详细讲解如何用DeepSeek和即梦AI打造一个令人印象深刻的小红书头像。

3.3.1 头像的设计原则

一位优秀博主曾提到，他花了10万元拍摄一张照片作为头像，并认为这笔投资非常值得。因为当你成为优秀博主后，往往会发现之前的头像已经无法满足更高的需求。而当你想要更换头像时，却发现更换成本已经变得非常高。如果你的账号未来可能被1亿人看到，那么从一开始就拥有一个高质量的头像显得尤为关键。那么，一个高质量的头像需要满足哪些要求呢？

1.清晰度高

头像的清晰度直接影响用户对你的第一印象，一个模糊不清的头像会让人感觉不专业，甚至产生不信任感。因此，无论是使用真实照片还是AI生成的图片作为头像，都要确保头像清晰、细节丰富。

2.风格统一

头像的风格需要与账号定位和内容风格保持一致。如果你的账号定位和内容风格是专业、严肃的，头像应选择简洁、大方的风格。如果你的账号定位和内容风格是活泼、有趣的，那么头像可以选择卡通、漫画等风格。风格统一的头像能让用户更快地记住你，并更好地传递个人品牌形象。

3.色彩搭配合理

头像的色彩搭配也同样重要，合理的色彩搭配能让头像更具吸引力。一般来说，头像的色彩应与账号主色调相协调，避免使用过于刺眼或杂乱的色彩。同时，也要考虑到用户的视觉感受，避免使用过于暗淡或过于鲜艳的色彩。

4.突出个性

头像需要突出你的个性，让用户一眼就能看到你的独特之处。你可以通过头像的风格、色彩、构图等方面展现个性。例如，如果你幽默风趣，可以选择有趣、搞怪的头像；如果你是文艺青年，可以选择文艺、清新的头像。

3.3.2 结合使用即梦AI生成高质量头像

即梦AI是字节跳动旗下剪映品牌推出的一款AI创作工具，专注于视频和图片生成。即梦AI凭借强大的自然语言处理和图片生成能力，为用户提供智能画布、动态分镜等功能，使普通用户也能轻松制作高质量的视频和图片作品。结合使用DeepSeek和即梦AI，我们可以快速生成高质量的头像。接下来，跟着我一起实操吧！

01 明确需求。首先明确自己的具体需求，例如我们需要生成一张温文尔雅的正装照作为个人头像。

02 登录即梦AI。在浏览器的地址栏中输入即梦AI的官网地址并按"Enter"键，进入官网，如图3-4所示。也可以使用抖音号一键登录。

图3-4

03 生成提示词。确定好大致的风格后，让DeepSeek提供由文字生成图片的详细提示词。例如，你可以输入并发送「我想要生成一个正装照的头像，温文尔雅一点，给我一个文字生图片的提示词」，DeepSeek会生成符合你要求的提示词，如图3-5所示。

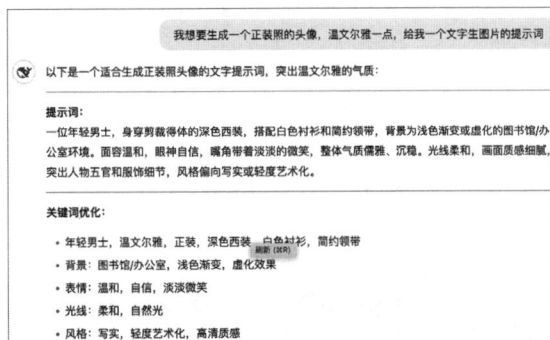

图3-5

04 输入提示词。单击"AI作图"中的"图片生成"按钮，如图3-6所示。然后在提示词输入框中，输入由DeepSeek生成的AI绘图提示词，如图3-7所示。

图3-6

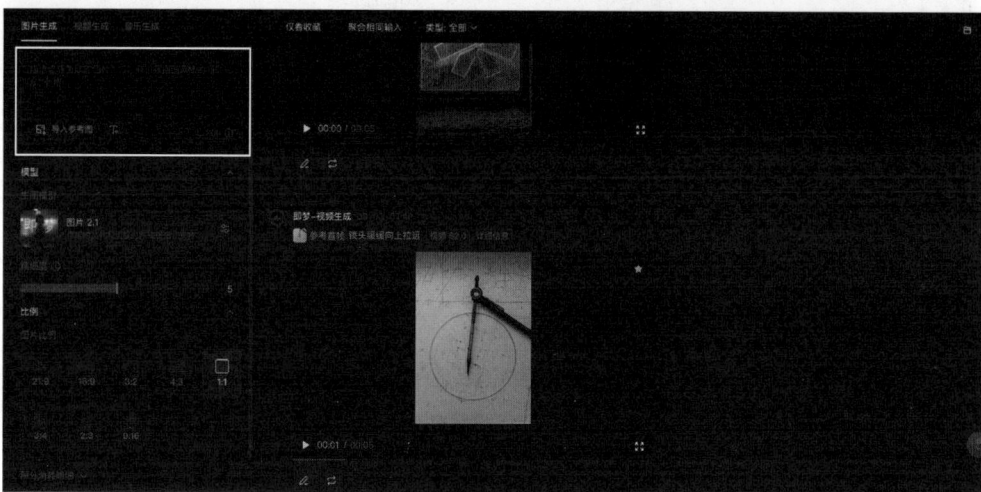

图3-7

05 上传参考图。选择一张清晰、面部完整的照片作为参考图，确保头像生成的效果最佳。在输入框的左下角单击"导入参考图"按钮，选择准备好的照片。这张照片可以是你的日常随拍，也可以是你喜欢的头像风格，如图3-8所示。

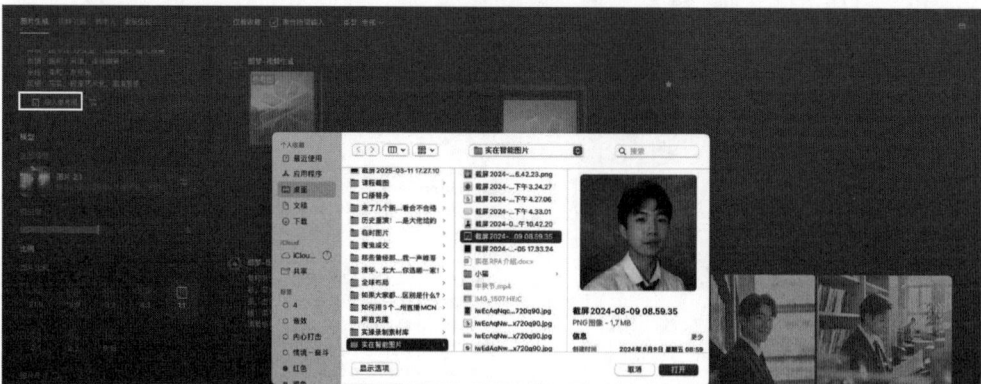

图3-8

06 编辑参考图。在"参考图"对话框中选择"人物长相"选项，以确保生成的头像与参考图的形象一致，再选择合适的图片比例。针对头像生成，建议使用1∶1的方形比例。随后单击"保存"按钮，如图3-9所示。

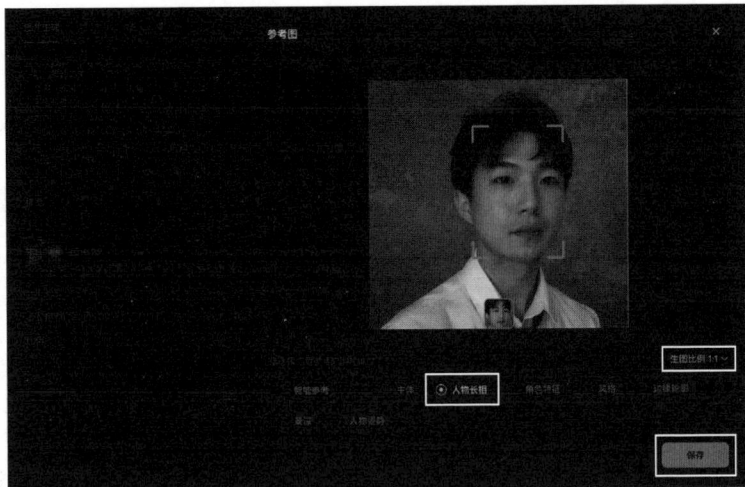

图3-9

07 生成头像。编辑好之后，单击"立刻生成"按钮，系统将消耗2个积分，生成4张备选头像，如图3-10所示。

图3-10

08 下载头像。从生成的4张备选头像中，挑选最符合你需求的一张，然后单击所选头像上方的"下载"按钮，将其保存至本地设备，如图3-11所示。

图3-11

09 进一步优化。若对生成的头像有更高要求，可以使用即梦AI的编辑功能进行调整。如果需要抠图处理，可以在"更多"栏中单击"去画布进行编辑"，如图3-12所示，进入新的页面之后，利用"抠图"功能更换背景，如图3-13所示，除此之外，还可以利用"细节修复"功能优化色彩、光影及细节表现。

图3-12

图3-13

用DeepSeek
写小红书文案

4

4.1 如何找到爆款选题

很多读者在运营小红书时都会遇到一个难题——如何找到爆款选题，即不知道如何定位内容方向或题材。下面我将为大家讲解如何找到爆款选题，让你的内容一经发布就能吸引大量用户关注。

4.1.1 爆款选题的要素

选题是内容创作的第一步，也是关键的一步。一个好的选题，就像一颗优质的种子，能够长成参天大树。而一个差的选题，就像一颗劣质的种子，即使你再努力浇灌，也难以成材。选题决定了你后续内容的方向，如果选题选得好，即使文案写得一般，也能获得较多的点赞量和关注量。反之，如果选题选得差，即使文案再好，信息再丰富，也难以获得较多的流量。

选题决定了文案的"天花板"、用户的留存、目标受众的框定及流量的上限。许多人并不是不会写文案，而是不会找选题。如果你的选题从一开始就不行，可能之后再努力也很难成功。

我先列出几个选题，试想一下，当你在浏览小红书时，看到下面的哪个选题会更感兴趣呢？

① 我是如何把上海第一的MCN机构干倒闭的。

② 如何用DeepSeek运营小红书。

③ 痛点、痒点和爽点的区别。

④ DeepSeek、GPT-4和豆包的比较。

网感不差的人一般会选择①，原因很简单，它带有争议性，容易引发"吃瓜群众"的兴趣，大家会好奇，想看看你是怎么把上海第一的MCN机构干倒闭的。因此，越宽泛且带有精准定位的选题，往往能获得越大的流量。

②其实也不错，因为它包含一些"文字钉"，比如"DeepSeek"和"小红书"，这些关键词天然具有利益点和吸引力，容易引发用户的兴趣。

相比之下，对③和④这类选题感兴趣的人就没有那么多了，除此之外还有"非谓语从句的几大用法"或"企业如何做税务筹划"这类选题。这类选题能实现较高的播放量吗？很难。因为这类选题一般只会吸引特定的人群，而这类人群的数量通常很少。

一个爆款选题，本质上是"热点+痛点+痒点+爽点"的结合。

热点： 热点决定了点开你的内容的人有多少。热点话题能够吸引大量用户的关注，比如最近的热门事件、流行趋势等。

痛点： 痛点决定了能和你产生共鸣的人有多少。痛点是用户在生活、工作、学习中遇到的问题和困扰，比如"如何缓解工作压力""如何提高学习成绩"等。

痒点： 痒点决定了对你感兴趣的人有多少。痒点是用户的好奇心和求知欲，比如"如何学会一门新技能""如何打造自己的个人品牌"等。

爽点： 爽点决定了用户会不会给你好评、点赞。爽点是用户在观看你的内容时获得的愉悦感和满足感，比如"如何快速学会跳舞""如何拍出好看的照片"等。

一个爆款选题就像一道美味的菜肴，需要具备以上这些关键的"调料"，才能吸引用户并刺激到用户的"味蕾"。

4.1.2 爆款选题的四大来源

选题就像开饭馆，要有源源不断的新鲜食材，并对其精心加工，才能做出一道道美味佳肴。那这些新鲜食材从哪里来呢？接下来，我将分享爆款选题的四大来源。

1.低粉爆款榜单

低粉爆款榜单是一个非常重要的爆款选题来源。这些榜单上的创作者虽然粉丝数量不多，但他们的选题和内容却能吸引大量用户关注。你可以通过这些榜单，找到一些尚未被大众发现的优质选题，进行模仿和创新，如图4-1所示。

图4-1

2.优秀博主对标

优秀博主对标是另一个重要的爆款选题来源。优秀的博主通常具有敏锐的市场洞察力，他们的选题往往能够抓住用户的痛点和痒点。你可以关注一些与你定位相似的博主，分析他们的选题和内容，从而找到适合自己的选题方向，如图4-2所示。

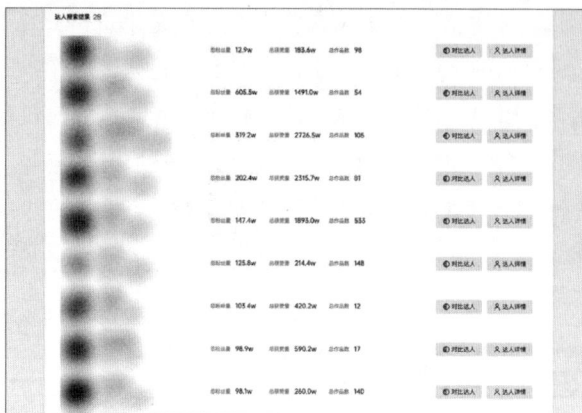

图4-2

3.新闻热点

新闻热点也是获取爆款选题的重要渠道。每天报道的新闻事件中，都蕴含着大量的热点话题，如图4-3所示。你可以通过关注新闻热点，找到一些与自己定位相关的话题，并在此基础上进行创作。

图4-3

4.资源提炼

资源提炼是指整理和分析已有的资源。你可以整理和分析自己在生活、工作、学习中积累的经验和知识，找到有价值的选题。同时，你也可以参考一些专业的图书、文章、报告等，找到一些有深度的选题，如图4-4所示。

图4-4

找到选题后，如何将选题转化为优质的文案内容呢？接下来，我将介绍4种用DeepSeek快速量产文案的方法，分别是热门仿写法、新闻改写法、优秀博主克隆法和资料提炼法。

4.2 DeepSeek热门仿写法

热门仿写法是一种常见的写作方法，通过对一篇爆款文案的高度仿写，达到"复刻"爆款传播的效果。然而，这种方法在过去非常考验人的能力。如今，使用DeepSeek仅需几秒钟，就能对某一篇热门作品的内容、结构和风格进行具有高相似性的仿写，尤其是结合4.1.2小节提到的低粉爆款榜单。仿写依然是目前在小红书起号最快的方式，有了DeepSeek的加持，起号变得更加简单。

4.2.1 用DeepSeek优化仿写内容

热门仿写法的核心是先选取高质量的文案作为参考样本，再借助DeepSeek精准仿写爆款文案的精髓，同时又可以融入适当的原创元素。具体操作步骤如下。

01 选择热门文案。选择一篇符合爆款结构逻辑的热门文案。这篇文案可以是低粉爆款榜单上的文案，也可以是大博主的高播放量文案。这些文案通常具有清晰的结构、吸引人的标题和丰富的内容，非常适合用来进行仿写，如图4-5所示。

图4-5

02 下载热门文案。选择好热门文案后，如果该文案是笔记，可以直接复制笔记内容；如果该文案是视频，可以通过第三方小程序（如轻抖）提取文案，如图4-6所示。这篇热门文案将成为后续仿写的核心素材，你可以复制整篇文案，也可以只复制关键部分，如标题、开头、结尾等。

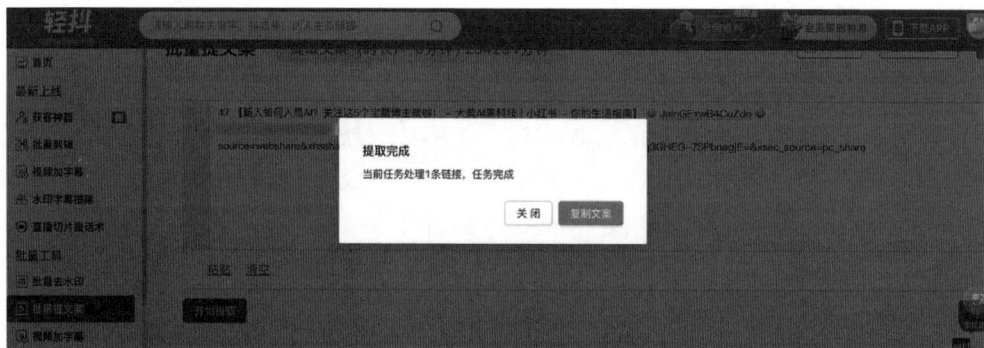

图4-6

03 给出仿写指令。例如，你可以在DeepSeek中输入并发送「请模仿这篇文案的风格，改写一篇类似的文案，视频切入角度稍微做一点区分」。

注意，在进行仿写时，记得打开DeepSeek的深度思考和联网搜索功能。深度思考功能能让DeepSeek更好地理解热门文案的结构和逻辑,联网搜索功能则能让DeepSeek获取更多相关信息,从而生成更优质的内容。

04 生成仿写初稿。DeepSeek会根据你的指令,生成一篇仿写初稿,如图4-7所示。你可以仔细阅读这篇初稿,看看它是否符合你的要求,是否能够吸引用户的关注。

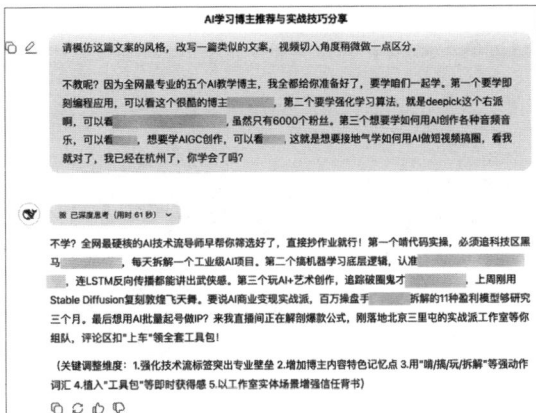

图4-7

05 内容优化。如果初稿还有不足之处,你可以根据需求进行优化。例如,你可以调整标题使其更具吸引力,修改内容使其更符合你的风格,或优化结构使其更清晰易懂。

通过以上步骤,你可以用DeepSeek进行热门内容仿写,并快速生成优质内容。热门仿写法不仅能节省创作时间,还能让你的内容更容易获得用户的关注和喜爱。

4.2.2 案例:仿写《红楼梦》风格国潮产品文案

在竞争激烈的国潮香薰市场中,某香薰品牌一直致力于将传统文化精髓与现代生活美学完美融合,为消费者带来独特的香薰体验。最近的"双十一"活动中,他们准备推出《红楼梦》系列主题产品,并利用DeepSeek仿写《红楼梦》风格的产品文案,为品牌注入全新活力。

首先,他们将《红楼梦》经典片段整理成一个文档,再通过上传文件功能将文档导入DeepSeek,让模型深入学习其文字风格,包括典雅的词语运用、精巧的修辞手法以及细腻的情感描写等。同时,明确本次文案创作需贴合的香薰产品特性,融入嗅觉意象,突出不同香味与《红楼梦》中场景、人物气质的关联。随后,在对话框中输入「帮我根据附件中红楼梦的古文风格,给我的[品牌名]清香型香薰写一段广告语,再写一段产品功能和亮点介绍,可以参考以薛宝钗为清香型香薰代言人」,如图4-8所示。

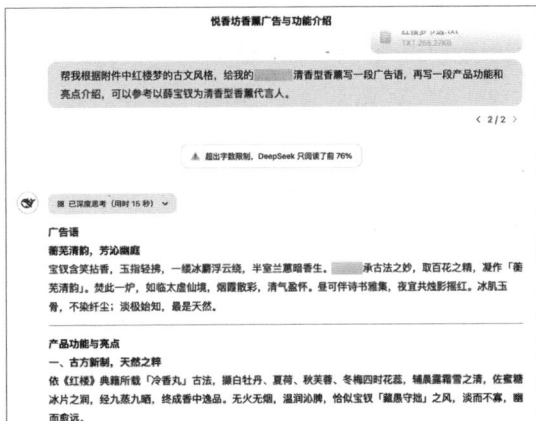

图4-8

产品上新后，在社交媒体引发热议。不少消费者被文案中的"红楼梦境"吸引，纷纷表示"仿佛手持一支香薰，梦回大观园""每点燃一次，都是与经典的一场香约"。该香薰品牌借助DeepSeek实现《红楼梦》风格文案仿写，为国潮产品营销开辟了新路径。

4.3 DeepSeek新闻改写法

每天的热搜榜上都有不同的热点新闻，而这些热点新闻中往往蕴藏着"百万流量"甚至"千万流量"级别的爆款内容。对这类爆款内容进行改写，是一种非常实用的流量策略。实际上，专业媒体上的新闻内容是一个巨大的素材库，在新闻界每天有几十万从业者在兢兢业业地报道新闻。如果你能将其中的精华内容改写成更符合小红书平台的格式和视角的内容，就能实现降维打击，吸引更多用户的关注。

4.3.1 用DeepSeek进行新闻改写

首先，专业媒体受限于平台属性，其内容往往比较正式和严肃，不太符合小红书的活泼、娱乐的风格。其次，专业媒体的文章通常较长，而小红书上的内容则以短小精悍的笔记为主。最后，专业媒体通常采用第三方客观、中立的视角，而小红书上的第一人称分享更容易引发用户共鸣。因此，如果你的文案既能保留专业媒体的话题性和内容质量，又能融入小红书的风格，就有机会冲击爆款。以下是新闻改写法的具体操作步骤。

01 寻找热点新闻。你需要找到自己所在"赛道"的热点新闻。行业垂直类网站、新闻热搜榜、各种内容社区都是很好的素材来源。

02 输入新闻文章或链接。将选择好的新闻文章复制下来，粘贴到DeepSeek的对话框中。你也可以直接复制整篇新闻的链接，让DeepSeek自动读取链接对应的信息。

03 给出改写指令。在对话框中输入并发送改写指令 请根据链接内容写一篇适合小红书平台的笔记文案，以一个大姐姐的吐槽角度去给大家分享，大约500字。可以在文本中加入适量的表情包 ，如图4-9所示。

注意，在改写时要打开深度思考和联网搜索功能。深度思考功能可以让DeepSeek更好地理解小红书的爆款要求，从多个角度进行改写，从而生成更优质的内容。联网搜索功能则可以让DeepSeek读取新闻链接，并整合其他同类新闻。

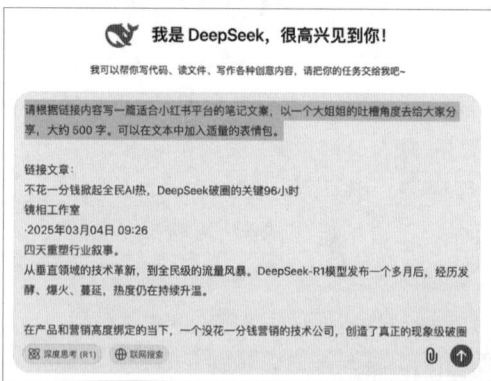

图4-9

04 生成改写初稿。DeepSeek会根据你的指令，生成一篇改写初稿，如图4-10所示。仔细阅读初稿，看看它是否符合你的要求，是否能够吸引用户的关注。

【标题】DeepSeek破圈96小时：不花一分钱，如何掀起全民AI热？

【文案】

🔥 热点开头：你知道吗？一个没花一分钱营销的AI公司，竟然在96小时内引爆了全网！DeepSeek-R1模型的发布，不仅让AI行业沸腾，更让全民陷入了AI热潮。这背后到底隐藏着什么秘密？

💡 痛点引入：你是不是也觉得AI技术高不可攀？DeepSeek却用"1元推理成本"打破了这一认知，让AI变得触手可及。但，这真的只是技术的胜利吗？

📝 主体内容：1月20日，DeepSeek创始人梁文锋在新闻联播中亮相，瞬间引爆微博热搜。随后，黑神话制作人冯骥的"国运级科技成果"言论，更是将DeepSeek推向了风口浪尖。1月27日，DeepSeek登顶苹果应用商店，甚至"掀翻"了美股！这一切，仿佛是一场精心策划的"逆袭"大戏。

🔍 产品暗示：DeepSeek不仅技术领先，更以超低的推理成本赢得了市场。你是否也想体验一下这款"AI界的拼多多"？快来评论区告诉我，你对DeepSeek的看法吧！

📢 下期预告：下一期，我们将揭秘DeepSeek如何从技术奇点走向全民共振，背后的传播路径又有哪些不为人知的故事？敬请期待！

#DeepSeek #AI热潮 #技术破圈 #全民AI #抖音爆款

‹ 3 / 3 ›

图4-10

05 内容优化。如果初稿还有不足之处，可以根据需求进行优化。如果你觉得切入角度不够好，还可以让DeepSeek换一个角度重新改写一篇。

4.3.2 案例：改写36Kr和腾讯网的新闻

36Kr（36氪）是一个专业的垂直媒体，里面有很多深度文章。你可以通过浏览这些文章，找到适合自己所在"赛道"的选题。这些文章通常篇幅较长，这让DeepSeek有更多材料可以改写。"腾讯网"则以其全面的新闻报道和多元的内容生态，成为中国领先的新闻门户。下面我将以改写这两个新闻平台的新闻为案例，进行具体的分析。

1.改写36Kr的新闻

小王是一位AI工具开发者，同时也是一位小红书创作者。他想将图4-11所示的一篇36Kr上的新闻改写成适合小红书平台发布的文案。

36Kr

万字播客实录：杭州六小龙归因，DeepSeek起源，全球AI华人力量，与AI哲学思辨

首页 快讯

三言科技 · 2025年03月04日 09:08

图4-11

他将新闻的链接复制下来粘贴到DeepSeek中，然后输入并发送以下指令。

#请根据链接内容写一篇适合抖音平台的短视频文案，大约500字。

#作为一个策划小白，你要明白短视频文案获取高赞的奥秘。第一部分要包含热点，或者引起一定程度的争议，以吸引人们极其分散的注意力；第二部分要包含痛点，营造一些悬念以激发用户强烈的好奇；再往后第三部分才是主体内容，营造一些波折；最后一部分可以是但不仅限于下期预告、引导提问、情感烘托等内容。在中间的部分，看似无意地插入一些关于我产品的内容，暗示引导用户来评论区评论或发私信。

DeepSeek很快生成了一篇改写后的文案，如图4-12所示。

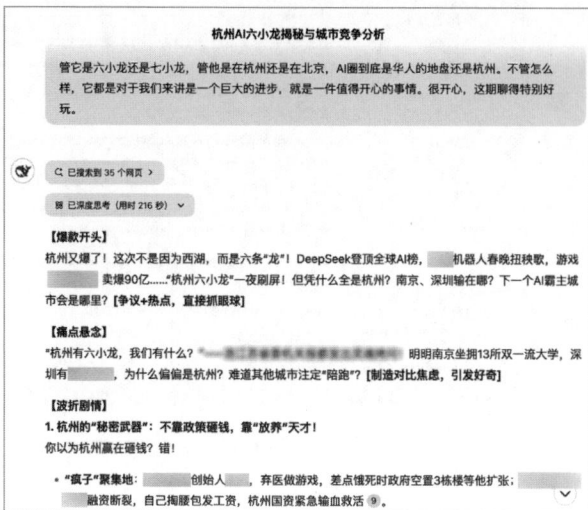

图4-12

小王仔细阅读文案后，觉得内容还不错，但标题不够吸引人，于是他对标题进行了优化。最终，他发布了一篇高质量的文案，推广的软件也因此获得了不少用户的咨询和注册。

2.改写腾讯网的新闻

小张是一位工厂老板，他每天会关注很多热点新闻，尤其是与化妆品行业相关的新闻，他想把自己的化妆品品牌和腾讯网上的热点新闻结合起来。

于是，他将这些新闻的链接复制下来，并粘贴到DeepSeek中，然后输入「请根据链接内容写一篇适合小红书的文案，大约500字。请提取和理解原文的核心内容，但改编成化妆品种草的视角」，如图4-13所示。

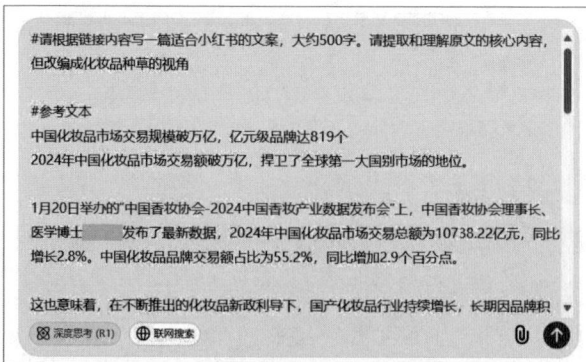

图4-13

DeepSeek很快生成了一篇改写后的文案，如图4-14所示。

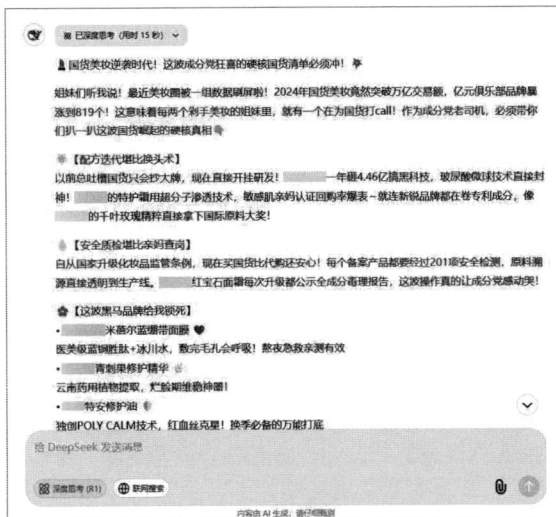

图4-14

小张仔细阅读文案后，觉得内容已经很不错了，但他还是根据自己的风格进行了一些调整。最终，他发布了一篇高质量的文案，获得了不少用户的关注和点赞。

通过以上步骤，你可以用DeepSeek进行热点新闻改写，只需要3分钟就能生成一条"能蹭热点"的文案，大大提升内容的曝光度。每天都有专业记者为你供稿，你还怕没选题吗？在4.4节，我们将讲解第三种方法——优秀博主克隆法，让你的文案更符合个人风格。

4.4 DeepSeek优秀博主克隆法

优秀博主克隆法是一种极具个性的DeepSeek写作方法。其原理是让DeepSeek学习大量优秀博主的内容素材，从而领会其语言风格、写作套路和核心观点、立场，进而"举一反三"，创作出更贴合创作者个性的内容。

4.4.1 用DeepSeek生成个性化文案

在自媒体时代，内容创作正变得越来越简单，尤其是对于那些大博主来说，他们往往能够保持高质量的日更，其中的奥秘就在于，他们善于利用DeepSeek和各种AI技术，来辅助自己快速生产高质量的内容。

大博主们通常拥有贴合自身个性的数据库，这些数据库中存储着他们过去创作的几十甚至上百篇爆款文案。因此，面对同样的热点新闻或爆款灵感，这些大博主用DeepSeek生产内容不仅效率更高，而且更加个性化。这种高度定制化的内容，让用户很难察觉出其实是AI代写的。以下是优秀博主克隆法的具体操作步骤。

01 收集过往优质文案。你需要将自己过往的优质文案整理出来，放在一个文档中。这些文案可以是你在小红书、抖音、微信公众号等平台上发布的高点赞量、高分享量的内容。确保这些文案能够代表你的创作风格和特色，如图4-15所示。

图4-15

02 上传文档。在DeepSeek的对话框中，单击回形针图标 📎，将整理好的文档进行上传。上传完成后，DeepSeek会自动读取文档内容，如图4-16所示。

图4-16

03 输入克隆指令。在对话框中输入并发送「请根据我的内容风格，创作一篇关于"如何提高学习效率"的文案」，如图4-17所示。

图4-17

04 提供参考链接。如果你有具体的参考内容，可以将其链接提供给DeepSeek，让它根据这个链接对应的内容，结合你的风格进行文案创作。例如，你可以输入「请根据我的内容风格，并结合这个链接[链接地址]的内容，创作一篇文案」。

注意，在进行文案克隆时要开启DeepSeek的深度思考功能。这样可以让DeepSeek更好地理解你的文案风格和逻辑。

05 生成克隆初稿。DeepSeek会根据你的指令，生成一篇克隆初稿，如图4-18所示。仔细阅读这篇初稿，看看它是否符合你的要求，是否能够吸引用户的关注。

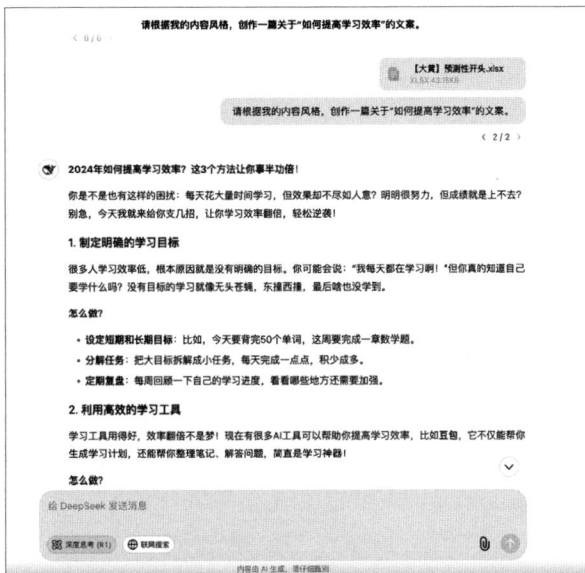

图4-18

06 内容优化。如果初稿还有不足之处，可以根据需求进行优化。例如，可以调整观点使其更符合你的态度、优化开头使其更具吸引力或修改结构使其更清晰易懂。如果对某一部分的内容不满意，也可以输入具体的修改意见，DeepSeek会根据你的要求进行修改、替换。例如，你可以输入并发送「请修改其中的第二个案例，把它换成软件"快点口播"」，如图4-19所示。

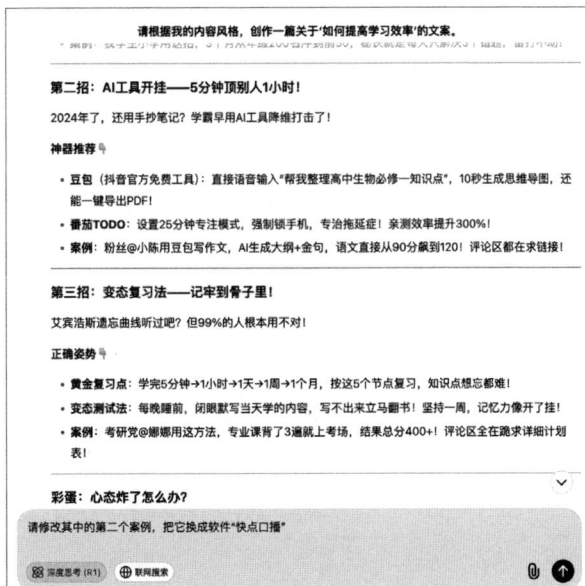

图4-19

4.4.2 案例：克隆优秀主播风格

1.克隆某高人气图书带货主播的风格

小李是一位小红书创作者，他想做图书带货分享，并希望模仿某高人气图书带货主播的风格，创作一篇关于"如何学习写作"的文案。

首先，他将想要模仿的主播的过往优质文案整理成一个文档，并上传至DeepSeek，如图4-20所示。

图4-20

随后，他在对话框中输入并发送「请根据[模仿主播]的内容风格，创作一篇关于"如何学习写作"的文案」，如图4-21所示。

图4-21

开启深度思考功能后，DeepSeek很快生成了一篇克隆文案，如图4-22所示。

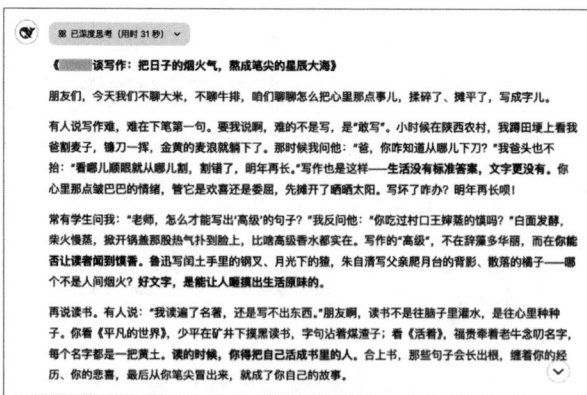

图4-22

小李仔细阅读后，发现这篇文案已经融合了该主播的优质文案的80%以上的精髓，为了融合剩下的20%，他根据自己的需求对文案进行了润色和优化。最终，小李发布了一篇高质量的文案，成功吸引了大量用户的关注和互动。

2.克隆某头部美妆产品带货主播的风格

小红是一位小红书创作者，她想模仿某头部美妆产品带货主播的风格，创作一篇关于"如何选择护肤品"的文案。她首先把该主播过往的直播间文案素材整理成一个文档，并上传给DeepSeek，如图4-23所示。

图4-23

随后，她在对话框中输入「请根据[模仿主播]的内容风格，创作一篇关于"如何选择护肤品"的文案」，如图4-24所示。

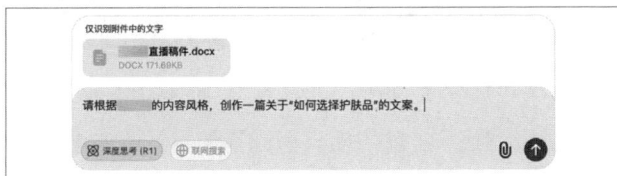

图4-24

开启深度思考功能后，DeepSeek很快生成了一篇克隆文案，如图4-25所示。

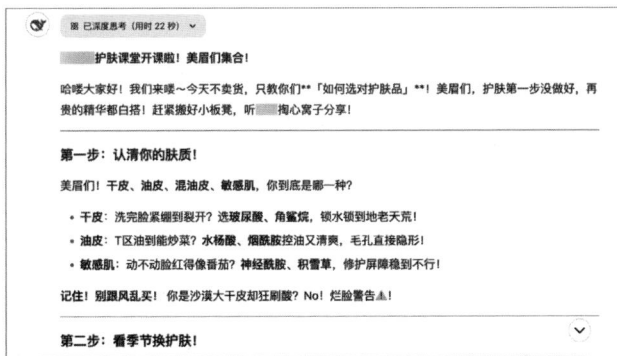

图4-25

小红在小红书上发布了这篇文案，成功复刻了该主播在直播间的风格，吸引了大量用户的关注和互动。

通过以上步骤，你可以用DeepSeek进行优秀博主文案克隆。优秀博主克隆法的优势在于个性化和原创度高，但门槛也稍高，需要更多的爆款文案素材。因此，当你在运营小红书之路上越走越远时，DeepSeek会成为你越来越强大的伙伴。在4.5节中，我们将继续探讨最后一种用DeepSeek快速量产文案的方法——资料提炼法，帮助你进一步提升内容创作能力。

4.5 DeepSeek资料提炼法

资料提炼法源于我们生活中常被忽略的一个大宝库——各种报告、图书和论文等。许多作者花费大量心思和精力撰写的报告、图书和论文被束之高阁，未能与自媒体平台有效连接。如果你能充分利用这些素材，就能在小红书上构建一个独特的内容生态。而过去需要花费大量时间的读书和提炼工作，DeepSeek一般只需几秒钟就能帮你完成。

4.5.1 用DeepSeek进行资料整合与提炼

那么，我们为什么要用资料提炼法？总的来说，有以下3点原因。

深度内容：在自媒体时代，信息传播效率越来越高，热点选题和文章面临高度同质化的风险。在这种环境下，深度内容往往更容易脱颖而出。那么，在哪里寻找高质量的深度内容呢？专业的行业研究报告、图书、论文，它们是人类智慧的瑰宝。

高效整合：DeepSeek具备超强的整合能力，能一次性提炼出几十甚至上百个选题，帮你节省数周的图书阅读时间。

系列化潜力：一旦某些选题成为爆款，相关图书和其他资料中还有更多深度内容可供挖掘，更容易形成系列化内容。

但同时也要注意，这些资料篇幅较长，表达方式也比较严谨和注重完整性。我们站在过去的经典作品这个巨人的肩膀上，再做一点适合小红书调性的内容提炼，才能做到雅俗共赏。以下是资料提炼法的具体操作步骤。

01 收集资料。你需要收集与主题相关的资料。这些资料可以是论文、报告、图书、视频等。你可以从网络上搜索资料，也可以从自己的资料库中查找资料。确保这些资料能够覆盖你的主题，并提供丰富的信息。

02 整理资料。将收集到的资料进行整理，可以按照主题、类型、来源等对资料进行分类。这样可以方便你在后续的提炼过程中，快速找到需要的资料。

03 上传资料。将整理好的资料上传给DeepSeek。你可以直接复制并粘贴资料内容，也可以单击回形针图标 📎 上传文件。

04 给出提炼指令。在对话框中输入并发送提炼指令「请根据这些资料，提炼出适合小红书的十个选题，主题方向为"如何引流获客"」，如图4-26所示。

注意，在进行提炼时，记得打开DeepSeek的深度思考功能。深度思考功能能让DeepSeek更好地理解资料的内容和逻辑，同时兼顾小红书的选题和写作内容逻辑。但是在这里联网搜索功能暂不可用。

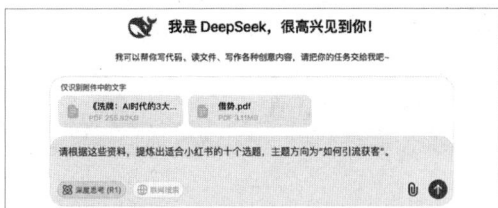

图4-26

05 提炼选题。DeepSeek会根据提示词，提炼出符合主题的选题，如图4-27所示。你可以在这些选题中选择一个或多个最合适的选题。

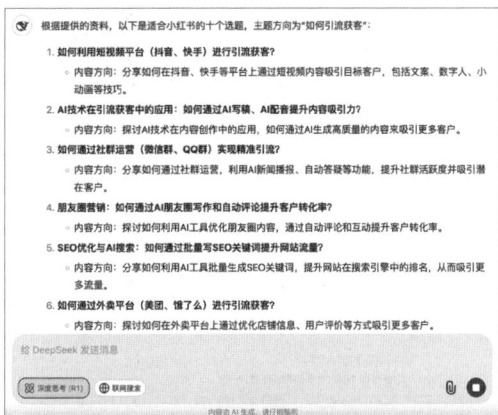

图4-27

06 写作文案初稿。在提炼出合适的选题后，继续让DeepSeek根据选题进行拓展，生成完整的小红书文案。例如，输入并发送「请根据[具体选题]，结合资料的内容，拓展成一篇完整的小红书文案。要求500字左右」，DeepSeek会根据指令生成一篇拓展后的文案初稿。仔细阅读这篇初稿，看看它是否符合你的要求，是否能够吸引用户的关注。

07 进行优化。如果选题和内容不尽如人意，可以根据需求进行优化。也可以从其他选题出发，进一步拓展内容，挖掘图书和其他资料的最大价值。

08 反复迭代。对于优质的选题，可以让DeepSeek生成多个版本的提炼内容，然后从中选择最满意的一篇内容。通过反复迭代，你可以不断优化内容，使其更加完美。

4.5.2 案例：提炼行业报告内容

小雷是一位金融分析师，每天需要阅读大量财报/行业报告，同时，他也希望成为一名金融类的小红书创作者。于是，他将这些资料（见图4-28）汇聚在一起，上传给DeepSeek。

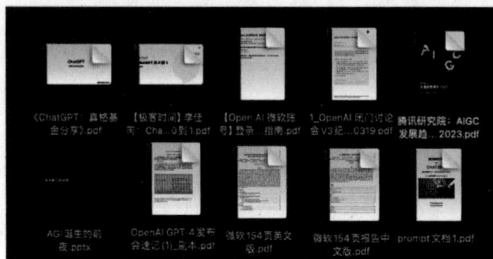

图4-28

接着，他在对话框中输入并发送「请根据这些资料，提炼出适合小红书的选题，主题"财富趋势"相关」。开启深度思考功能后，DeepSeek很快就根据资料生成了不同行业、不同视角的选题，如图4-29所示。

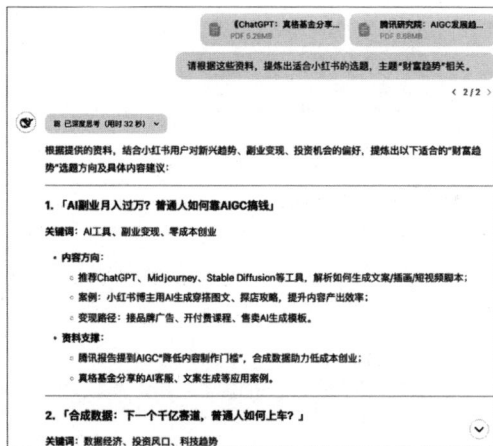

图4-29

小雷仔细阅读这些选题后，觉得其中一个选题非常亮眼，于是继续输入并发送「请帮我根据资料，把第三个选题拓展成一篇小红书文案」。DeepSeek生成完整文案后，小雷觉得内容已经很不错了，但他还是根据4.4节讲到的优秀博主克隆法，对文案进行了个性化润色。最终，他发布了一篇高质量的文案，获得了不少用户的关注和点赞。

通过以上步骤，你可以用DeepSeek进行资料提炼，快速生成大量优质内容。资料提炼法不仅能节省你的创作时间，还能让你的内容更加丰富和有深度。本章讲解的4种方法不仅能单独使用，还能灵活组合使用，相信可以帮助你实现高质量内容的量产。

第 5 章

用DeepSeek
辅助做产品种草图文

5

5.1 先卖再生产的商业模式

如今，很多产品的价值早已从"生产为王"转变为"用户为王"。利用DeepSeek和小红书帮助我们把产品卖出去，才是真正的制胜之道。

5.1.1 能卖出去的才是好产品

在当今竞争激烈的市场环境下，产品生产出来却卖不出去的现象屡见不鲜。许多企业辛辛苦苦研发、生产的产品，最终却因各种原因积压在仓库里，成为企业的负担。这不仅浪费了企业资源，还影响了企业的生存和发展。我们可以看看下面这些真实的案例。

案例1：某新消费品牌抓住"Z世代养生"热点，推出的枸杞味跳跳糖都在仓库里完成了自然陈化。

案例2：某知名培训机构闭关3个月研发了新课程，结果课程推出后招到的唯一学生是自己家的孩子。

案例3：某工厂能48小时生产10万个保温杯，在直播间却要花48天才能卖掉500个。所以，别急着开生产线，先看看这口锅有多大。

在产品滞销的背后，究竟隐藏着什么原因呢？下面分3点进行分析。

1.市场需求判断失误

许多企业在产品研发阶段，就没有充分了解市场需求，盲目跟风或凭借主观臆断进行产品研发。结果生产出来的产品与市场需求脱节，无法满足消费者的实际需求。

例如，曾经有一家企业推出了一款智能筷子。研发完成后，才发现这纯属产品经理的"自嗨"。企业只是盲目跟风，没有考虑产品是否具备独特的卖点和优势，以及用户是否真的愿意为此买单。

2.营销策略不当

即使产品本身没有问题，如果营销策略不当，也很难打开市场。许多企业在营销方面缺乏经验，不知道如何有效推广产品、如何定价等。

例如，某知名企业推出了高价雪糕，成本仅3元却卖到69元，把消费者当成"行走的ATM"，缺乏与用户的有效沟通和互动。这一案例甚至被写进了某商学院的反面教材。此外，许多企业过于依赖传统的营销方式，忽视了新媒体和社交媒体的营销潜力，导致产品无法高效触达目标客户群体。

3.销售渠道不畅

销售渠道是产品到达消费者手中的关键环节。如果销售渠道不畅,产品无法及时、准确地到达消费者手中,也会严重影响销售。许多企业在销售渠道建设方面做得不够好,销售渠道与产品定位不匹配,导致产品销售受阻。

例如,有些企业在主要针对下沉市场的短视频平台卖名牌包,去高档商场摆地摊卖袜子,这相当于"向无头发的人推销梳子",完全缺乏对平台和目标用户的理解。

说了这么多反面案例,我们再来看一下正面的案例。

某潮流手办品牌当年测试新品的方式堪称经典。该品牌直接将设计图扔进粉丝群并问道:"老铁们,这丑娃你们愿意花59元还是'吃土'?"等粉丝群里吵出30000条后,才慢悠悠地通知工厂开生产线。这波操作被称为商业界的"先上车,后补票"。

所以,在当今产能过剩的时代,产品的价值早已不是"生产为王",而是"用户为王"。能卖出去的才是好产品。

5.1.2 AI时代的个性化定制趋势

在当今这个AI时代,个性化定制已经成为一种不可阻挡的趋势。随着人们生活水平的提高和消费观念的转变,消费者不再满足于千篇一律的产品,而是希望拥有独一无二、符合自己个性的产品。除了标准产品,还有许多满足细分需求的产品未被开发。某电商平台数据显示,"定制"关键词的搜索量在3年之内暴涨580%。

那么,什么样的个性化产品能够在市场中脱颖而出,成为爆款产品呢?通过对市场的观察和分析,我们发现这些产品通常具有以下三大特质。

1.精准满足消费者的需求

能够成为爆单产品的个性化产品,必须精准满足消费者的需求。这些产品往往能够深入挖掘消费者的痛点和痒点,提供具有针对性的解决方案。例如,一些定制化的健身器材,能够根据消费者的身高、体重、健身目标等信息,为消费者提供个性化的健身方案和器材推荐,让消费者感受到产品是为他们量身定制的。

2.独特的设计和创意

独特的设计和创意是个性化产品的灵魂。在竞争激烈的市场中,只有那些具有独特设计和创意的产品,才能吸引消费者的眼球,激发他们的购买欲望。例如,一些定制化的手机壳,可以通过AI技术生成独特的图案和设计,让消费者在使用过程中感受到独特的个性和魅力。

3.高品质的用户体验

高品质的用户体验是个性化产品能够成为爆单产品的关键。消费者在购买个性化产品时，不仅关注产品的功能和设计，还非常注重产品的使用体验。只有那些能够提供高品质的用户体验的产品，才能赢得消费者的口碑和忠诚度。例如，最典型的产品之一就是培训服务类产品。对于这类产品，如何让消费者持续感知到服务的价值和知识的价值，是获得消费者注意力和青睐的关键。

然而，传统的个性化设计面临着诸多难点和高昂的成本。首先，传统的个性化设计需要大量的人力和时间投入，设计周期长，效率低下。其次，传统的个性化设计往往依赖专业设计师和设计工具，进一步推高了成本。此外，个性化产品的生产通常需要定制化的生产流程和设备，进一步提高了成本和难度。

但如今，DeepSeek与各种设计工具的组合，为解决这些难题提供了有效的解决方案。它们不仅能大大缩短设计周期、提高设计效率，还能降低设计成本。同时，结合小红书的"种草"属性，人人都能低成本、轻创业，实现"先卖后生产"的闭环。接下来将为你详细介绍具体该如何去做。

5.2 用DeepSeek辅助做产品定制设计图

如今，用户的需求早已超越了单纯的"功能满足"，好的产品设计和审美往往能带来优质的用户体验和较高的情绪价值。DeepSeek和各种AI工具，正成为我们在设计中的"蓝图"与"妙笔"，可帮助我们更好地满足用户的需求。

5.2.1 为什么用户会为好的产品设计点赞

"好的产品设计天然就是好内容"，这句话一点也不假。某博物馆文创店铺把奏折做成笔记本；某潮流手办品牌未发售的盲盒设计图能在闲鱼炒到8888元；某小众香薰直接把配方表画成星座运势图，女生买回去根本舍不得用……

一个设计优良的产品，本身就是一件艺术品。在当今这个"看脸"的时代，好的产品设计能够吸引消费者的目光，激发他们的购买欲望。产品设计不仅仅是外观的设计，更是功能、体验、情感的综合体现。一个好的产品设计，能够让消费者在使用过程中感受到愉悦和满足，从而提高产品的竞争力。

"设计即内容"目前虽然缺乏系统的理论支撑，但这并不妨碍许多品牌将其玩出花样。以下是我总结的三大设计"玄学"。

1.拆解欲比乐高更上头

某咖啡品牌在咖啡罐设计图上故意留下"神秘代码",逼得强迫症用户组团破译(最后发现是老板家的Wi-Fi密码)。

2.养成系比偶像更带感

某国潮鞋品牌将设计过程直播成连续剧,观众打赏就能改配色。

3.社交属性比八卦更易传播

某香薰品牌未上市的设计稿,被放在小红书上做成"大家来找茬"的游戏,找到隐藏元素送终身会员。

5.2.2 结合使用LibLibAI生成设计图

如果你依然捉摸不透产品设计,也可以让DeepSeek帮你寻找设计创意。当你有了一个好的创意,在小红书上可以零成本将其做成设计图,测试创意是否有市场。那么,我们具体要怎么做呢?

01 寻找灵感。在DeepSeek中输入并发送「假设你是[品类]设计总监,需要策划一个让人忍不住发朋友圈的[产品类型],请结合[拆解欲/养成系/社交传播]特性,给出3个脑洞大开的方案,要求附带可落地的互动机制」,DeepSeek会根据指令生成相应的提示词,如图5-1所示。

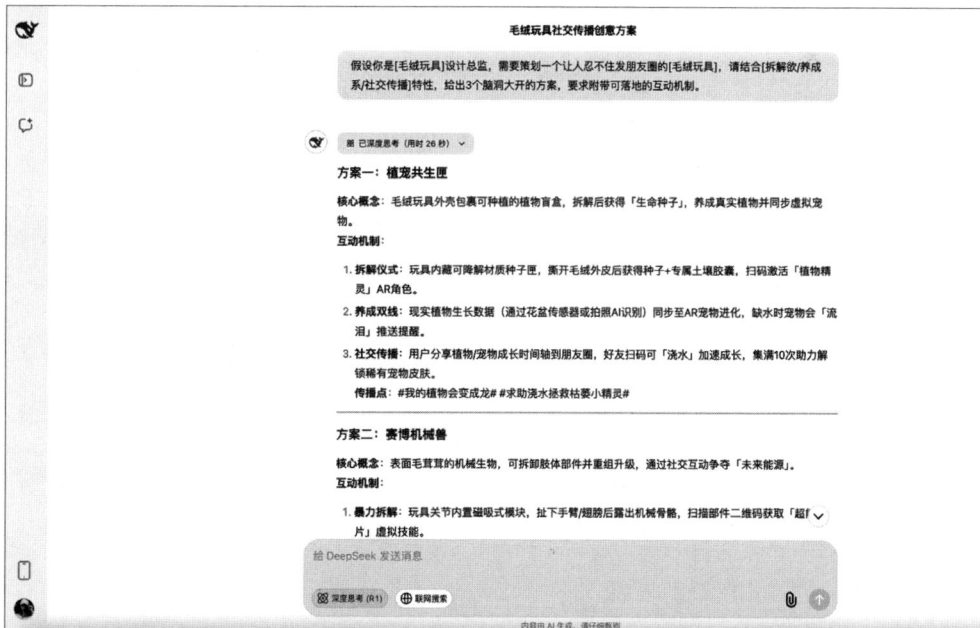

图5-1

02 注册并登录LibLibAI。在LibLibAI这个平台上，我们可以将好的文字创意转化为视觉化的图片创意。灵感市场中还有大量其他用户的图片创意，这些内容也可能激发你的灵感。

LibLibAI是一个专注于中文市场的线上AI绘画应用平台，特别针对中国用户的使用习惯进行了优化，如图5-2所示。它提供了在线生图、在线工作流以及训练LoRA等多种创作功能，满足了不同用户的需求。用户只需输入简单的描述词或上传一张图片，LibLibAI就能迅速生成符合要求的图像。

图5-2

03 生成提示词。在DeepSeek中输入并发送「你是一个AI绘画提示词专家，我想要生成一个可爱的棕色小狗毛绒玩具，请帮我生成AI绘画提示词」，DeepSeek会根据指令生成相应的提示词，如图5-3所示。

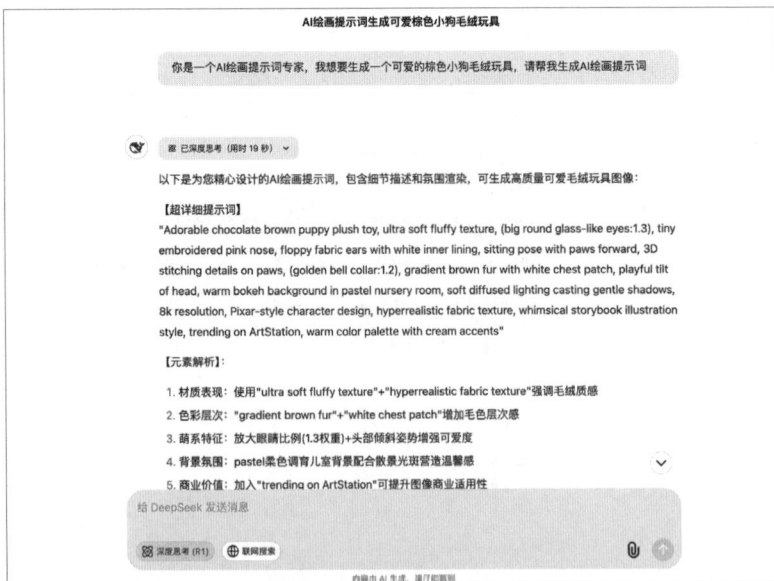

图5-3

04 选择模型。打开LibLibAI，在"模型广场"中选择合适的风格和创意模型，如图5-4所示。如果你是做毛绒玩具的，可以选择一个专门用于设计IP的模型，如图5-5所示。

图5-4

图5-5

05 输入提示词并调整参数。将DeepSeek生成的AI绘画提示词输入LibLibAI中。通常情况下，如果直接使用成品模型，参数会自动复制，无须调整。如果有特殊需求，可以对单个参数进行微调，如图5-6所示。

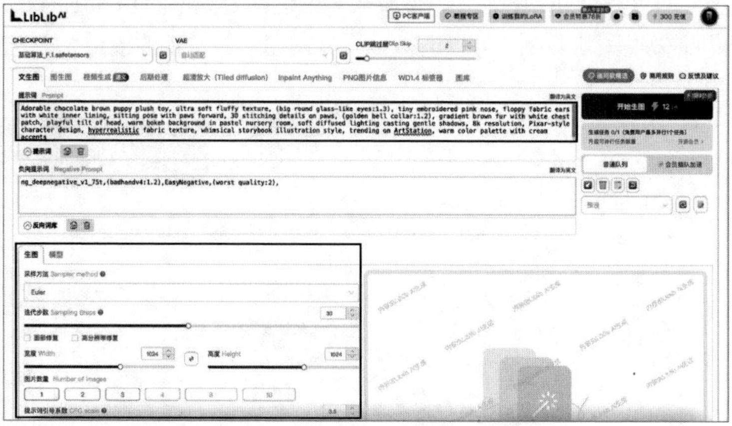

图5-6

延伸阅读

采样方法（Sampler method）：选择采样方法，如Euler。选择不同的采样方法对生成3D、实拍、动画效果的图片影响不同。

迭代步数（Sampling Steps）：设置迭代步数，一般建议在15～25步。迭代步数太少会导致图片"发育"不够完善，迭代步数太多会导致图片"过度发育"，脱离现实。

宽度（Width）和高度（Height）：根据需要设置图像的尺寸。

图片数量（Number of images）：设置生成的图片数量。

提示词引导系数（CFG scale）：一般保持默认值7。值越大，出图结果受提示词制约越大；值越小，出图结果和模型本体越接近。

随机数种子（Seed）：一般保持默认值-1。随机数种子代表图片的ID，输入具体ID能定向找到特定图片，-1代表随机查找图片。

06 生成图片。设置完成后，单击"开始生图"按钮，如图5-7所示。LibLibAI会根据你输入的提示词生成设计图，生成的设计图可以是手稿，也可以是效果图。

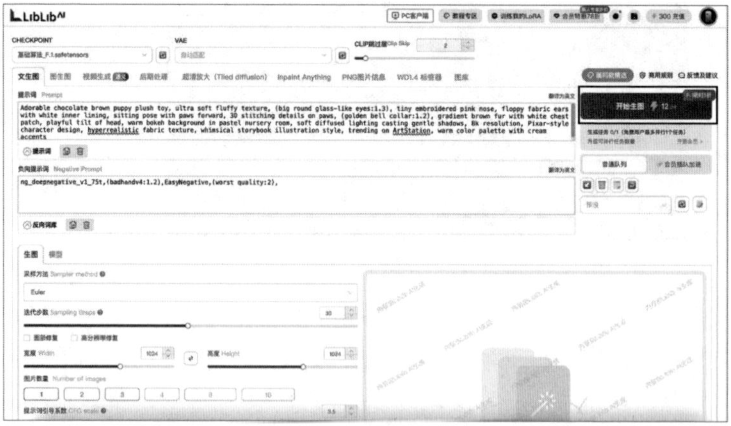

图5-7

07 调整提示词。如果发现创意与设想有偏差，可以重新与DeepSeek探讨创意方案，并调整提示词，然后重复上述过程。例如，如果想要调整生成产品的颜色，可以修改对应颜色的提示词，如图5-8所示。

图5-8

08 更改模型。如果对生成图像的某些部分不满意，可以尝试其他模型。LibLibAI提供了多种模型，涵盖不同的风格和主题，选择合适的模型可以显著提升图像质量，如图5-9所示。

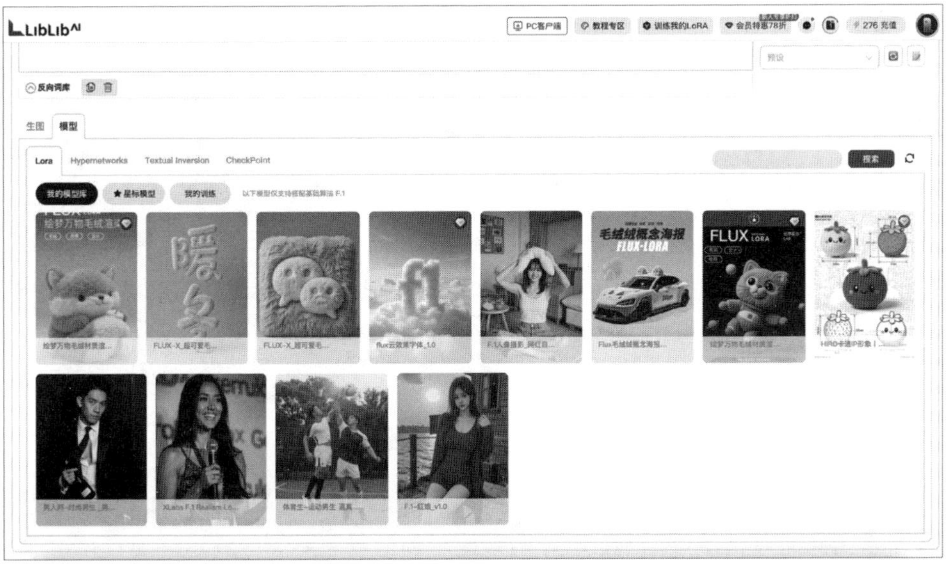

图5-9

09 调整参数。除了更改模型,还可以通过对参数进行微调来优化图像。如果图像的细节不够丰富,可以增加迭代步数,一般建议20~40步,如图5-10和图5-11所示。

图5-10

图5-11

10 如果图像的风格不够明显,可以调整提示词引导系数,一般建议为7~10,如图5-12所示。

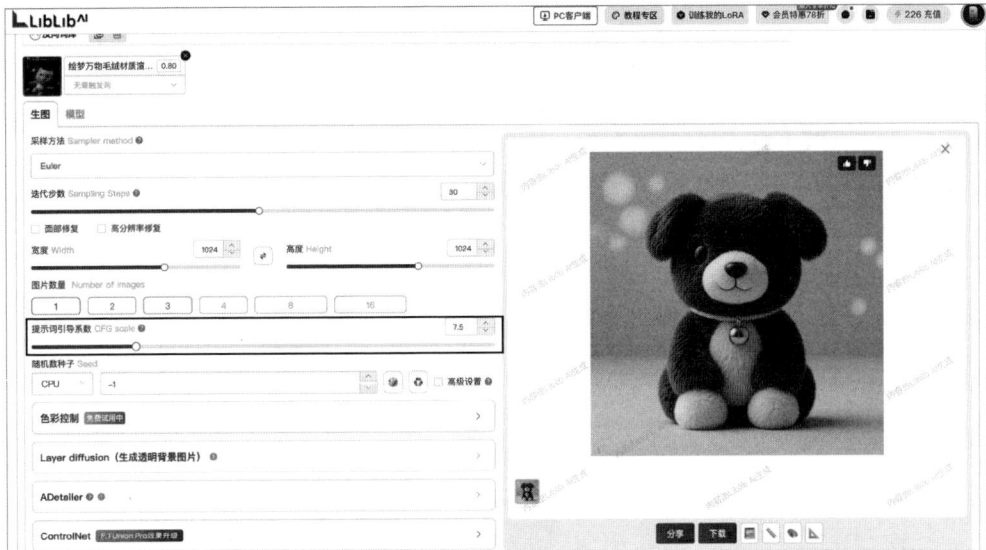

图5-12

5.2.3 案例：预售定制毛绒玩具

某玩具厂一直以来以生产传统的毛绒玩具为主，但随着市场变化和消费者需求的多样化，厂里的产品逐渐出现了滞销的情况。为了扭转这一局面，玩具厂决定利用AI技术，通过DeepSeek和LibLibAI平台，探索新的产品方向和市场机会。

玩具厂工作人员先在DeepSeek中输入并发送「帮我调研一下毛绒玩具市场趋势，什么样子的儿童玩具需求更大？给出一些设计灵感」，以确定目标市场。

DeepSeek快速生成了详细的市场分析报告，包括当前市场上热门的毛绒玩具类型、消费者偏好、竞争对手情况等信息，如图5-13所示。这些信息为玩具厂后续的产品设计和开发提供了重要参考依据。

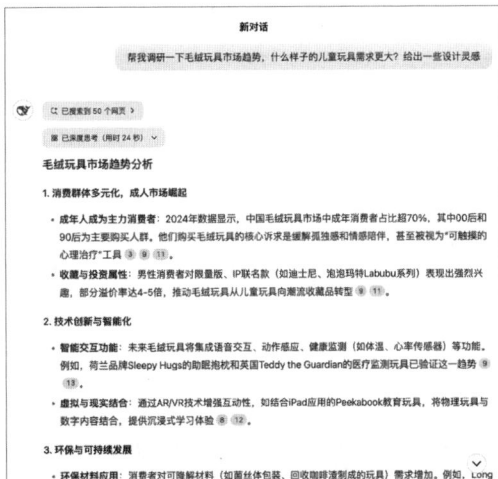

图5-13

在完成市场调研和消费者需求分析后，玩具厂开始利用LibLibAI进行产品设计和优化。首先，他们通过LibLibAI的文生图功能，输入产品的基本描述，如"可爱的汽车毛绒玩具"，LibLibAI快速生成了一系列产品概念图，并附带设计手稿，如图5-14所示。这些概念图和设计手稿不仅展示了产品的外观设计，还体现了产品的功能特点，为后续的产品生产提供了直观的参考。

图5-14

这些设计素材被发布到小红书后，其中汽车毛绒玩具产品迅速成为爆款，使玩具厂收到大量用户留言和预约。通过这种方式，玩具厂成功实现了"先卖后生产"的模式，通过对大量毛绒玩具的测试，玩具厂找到了市场热点，实现了产品的快速上市和销售。

通过利用DeepSeek和LibLibAI，玩具厂不仅降低了生产成本和市场风险，还提高了产品的创新性和市场竞争力。在这一过程中，DeepSeek的市场调研和消费者需求分析功能，以及LibLibAI的产品设计和优化功能，发挥了至关重要的作用。玩具厂的成功转型为企业的可持续发展奠定了坚实的基础。

5.3 用DeepSeek辅助做知识分享图

在当今这个信息爆炸的时代，知识类产品正以前所未有的速度涌现并流行起来。而DeepSeek作为一款强大的AI工具，为知识类产品的创作、推广和销售提供了全方位的支持。那么，为什么知识类产品天然适合DeepSeek呢？二者结合的优势又是如何体现的呢？

5.3.1 为什么DeepSeek适合做知识类产品

知识类产品可以是实体的（如教材、工具书等），也可以是虚拟的（如在线课程、电子书等）。它们的共同特点是通过系统地整理和呈现知识，帮助用户获取信息、提升技能、拓宽视野。例如，一本专业的编程图书能够帮助程序员学习新的编程语言，一门市场营销课程能够帮助营销人员掌握最新的市场趋势和营销策略。

随着社会的发展和科技的进步，人们对知识的渴望越来越强烈。无论是为了职业发展，还是为了个人兴趣，人们都希望通过各种方式获取知识，提升自己。因此，我们可以将这类内容放到小红书上，在进行有价值的内容分享的同时，还能售卖知识类产品。

过去，生产课程和图书内容的成本非常高。以图书为例，撰写几十万字的书稿，动辄需要数月的时间和数万元的成本。并且图书出版后可能无人问津，风险实在太大。现在有了DeepSeek，这些问题便迎刃而解。我们可以实现"先卖后生产"的模式，即先让DeepSeek帮助我们生成一些碎片化的知识内容，如果这些知识内容受到欢迎，再进一步完善产品。

具体而言，用DeepSeek帮我们做知识类产品，有以下四大理由。

1.强大的数据分析能力

DeepSeek拥有强大的数据分析能力，能够对海量的文本、图像、音频等数据进行深度分析和处理。对于知识类产品来说，这意味着可以更精准地把握用户需求，提供个性化的内容推荐。例如，通过分析用户的阅读历史、学习习惯等数据，DeepSeek可以为用户推荐适合他们的图书、课程等知识类产品。

2.出色的文本生成能力

DeepSeek的文本生成能力非常出色，能够根据给定的提示词或主题，快速生成高质量的文本内容。这对于知识类产品的创作来说，无疑是一个巨大的助力。例如，作者可以利用DeepSeek快速生成文章大纲、课程讲义等，提高创作效率。

3.强大的多模态交互能力

DeepSeek支持多模态交互，能够处理文本、图像等多种类型的数据。这对于知识类产品的呈现和传播来说，提供了更多的可能性。例如，通过结合文本和图像，DeepSeek可以生成更生动、更直观的知识内容，吸引用户的注意。

4.优秀的个性化定制能力

DeepSeek还具有优秀的个性化定制能力，能够根据用户的需求和偏好，提供定制化的知识类产品。例如，用户可以利用DeepSeek创建自己的学习计划、知识图谱等，满足个人的学习需求。

既然用DeepSeek做知识类产品在小红书上"种草"已经是必选项，那么具体如何操作呢？下面将介绍几种可用的方法。

5.3.2 结合使用Xmind生成思维导图

在信息爆炸的时代，思维导图作为一种高效的信息整理工具，比较容易给人"干货感"，在小红书上这类内容也容易获得大量收藏和点赞。这也是知识类产品"种草"的重要形式之一，那如何用DeepSeek和Xmind生成思维导图，将其变成可视化的"种草"内容呢？

01 下载并安装Xmind。在浏览器中搜索Xmind官网，或在地址栏中输入官网网址，进入官网页面并下载客户端，如图5-15所示。下载后，安装Xmind。安装完成后，打开Xmind，熟悉其界面和基本操作。

Xmind是一款专业的思维导图制作软件，支持多种平台，包括Windows、macOS和移动端。你可以根据自己的设备选择合适的版本进行下载和安装。

图5-15

02 输入主题。在DeepSeek的对话框中输入并发送「请帮我生成一份思维导图知识框架，主题为[如何用DeepSeek和Xmind生成思维导图]，要求有步骤和案例」。

03 生成思维导图文本内容。DeepSeek根据你输入的提示词生成相应的文本内容，如图5-16所示。

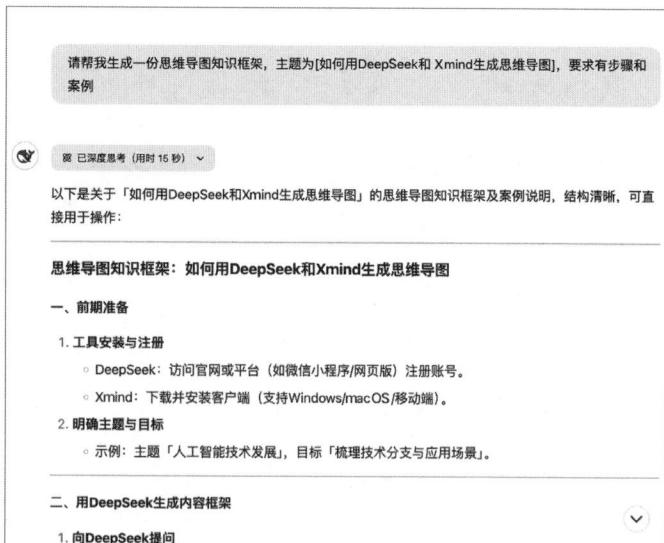

图5-16

04 生成结构化的Markdown文本内容。为了方便后续操作，你需要让DeepSeek以Markdown格式输出内容。例如，你可以输入并发送「请以Markdown格式输出（正文部分）」。DeepSeek会根据你的需求，生成结构化的Markdown文本内容，如图5-17所示。

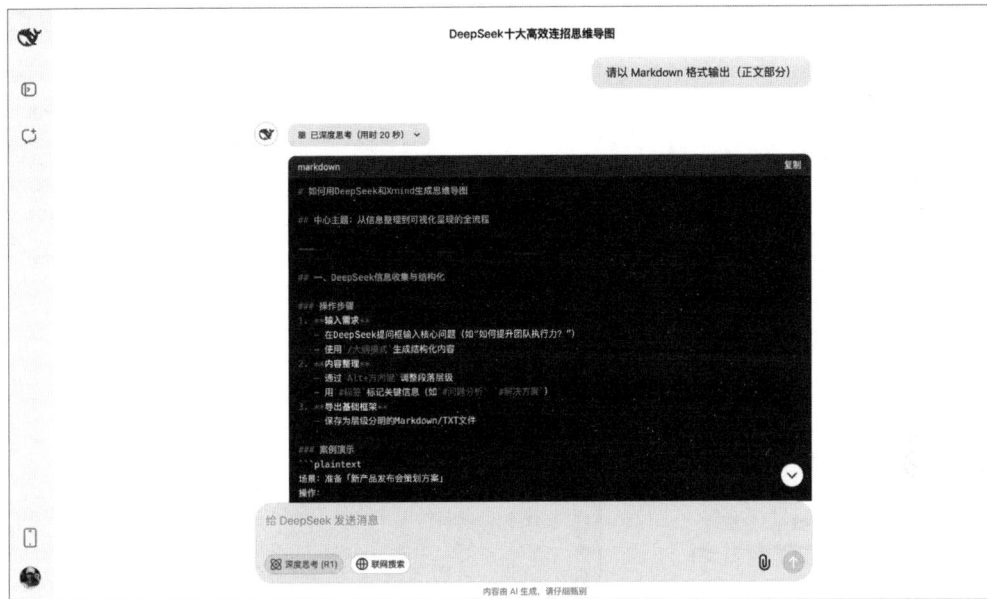

图5-17

05 保存Markdown文本内容。将DeepSeek生成的Markdown文本内容复制出来，新建一个文本文件，将内容粘贴进去并保存，如图5-18所示。

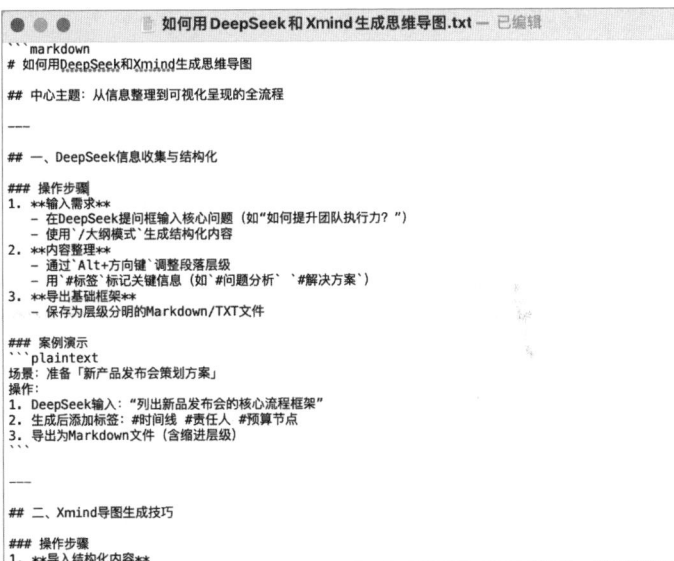

图5-18

06 修改文件扩展名。将文件的扩展名由".txt"改为".md"，修改后即可保存为Markdown文件。这样，你就得到了一个可以被Xmind识别的Markdown文件，如图5-19所示。

07 导入Markdown文件。打开Xmind软件，在菜单栏中选择"文件">"导入">"Markdown"，如图5-20所示。在弹出的文件选择窗口中，找到你上一步保存的Markdown文件，将其选中并打开。

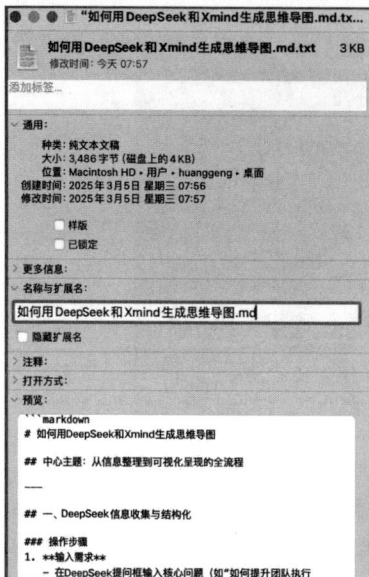

图5-19

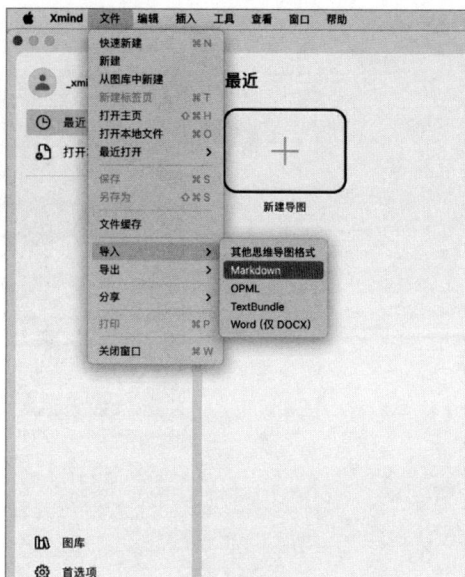

图5-20

08 生成思维导图。Xmind会根据Markdown文件中的内容，自动生成思维导图，如图5-21所示。

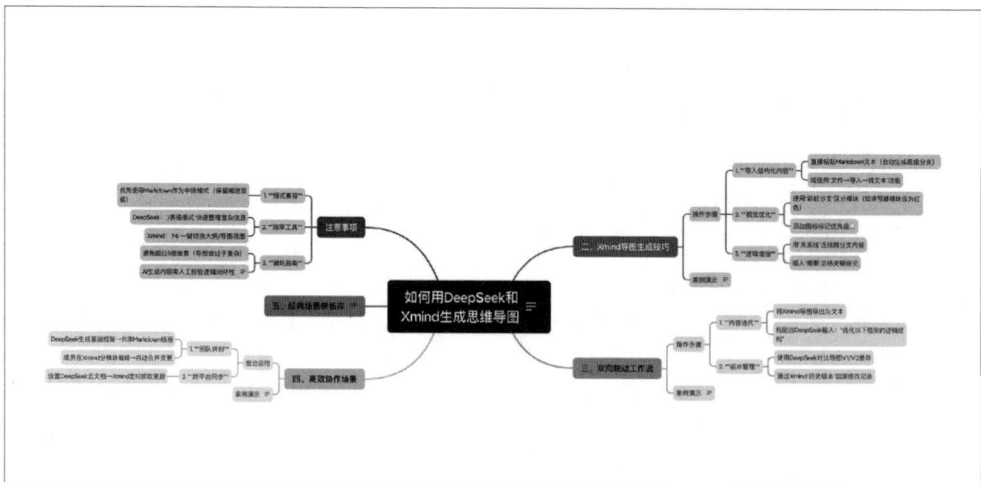

图5-21

09 调整和完善思维导图。生成的思维导图可能需要进一步调整和完善。你可以在Xmind中对思维导图进行编辑，例如添加或删除节点、调整节点的位置、修改节点的内容等。Xmind提供了丰富的编辑功能，可以帮助你创建出符合自己需求的思维导图。

10 保存和导出思维导图。完成思维导图的编辑后，可以将其保存为Xmind的专用格式，以便日后继续编辑；此外，Xmind还支持将思维导图导出为多种格式，可以在页面上方的菜单栏中选择"文件"＞"导出"，然后选择PNG、JPEG、PDF等格式，方便你在不同的场景中使用和分享你的思维导图，如图5-22所示。

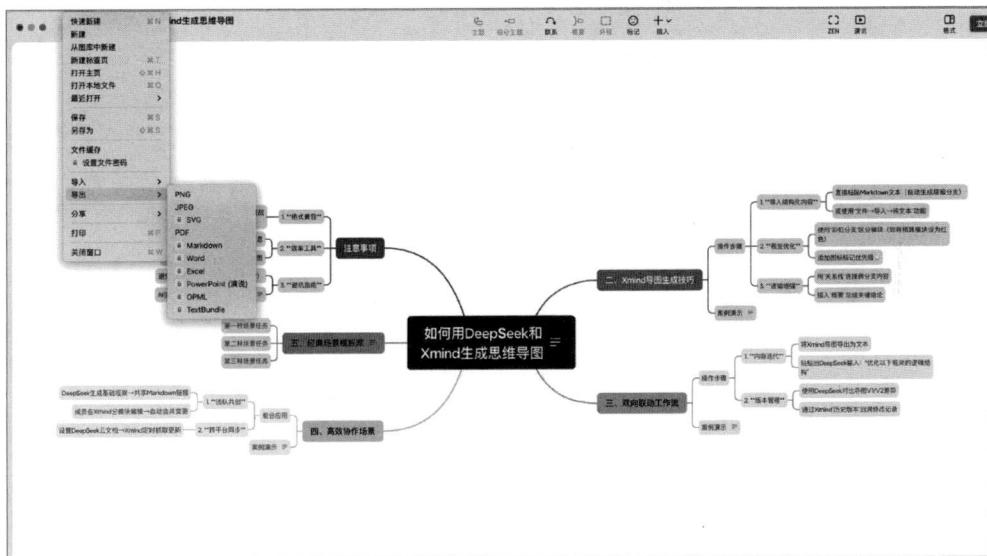

图5-22

通过DeepSeek和Xmind的结合应用，我们可以快速生成高质量的思维导图。将这些图片发布到小红书上，能够快速测试出知识类产品的真实"含金量"。

5.3.3 结合使用讯飞智文生成PPT

在数字化时代，PPT已成为展示个人专业能力和知识类产品的重要工具。小红书作为一个生活方式分享平台，同样可以用来展示PPT作品。以下是使用DeepSeek和讯飞智文生成PPT的详细步骤，在小红书上分享PPT，展示专业风采。

01 访问"讯飞智文"。在浏览器中搜索讯飞智文，或在地址栏中输入官网网址，进入官网页面，如图5-23所示。

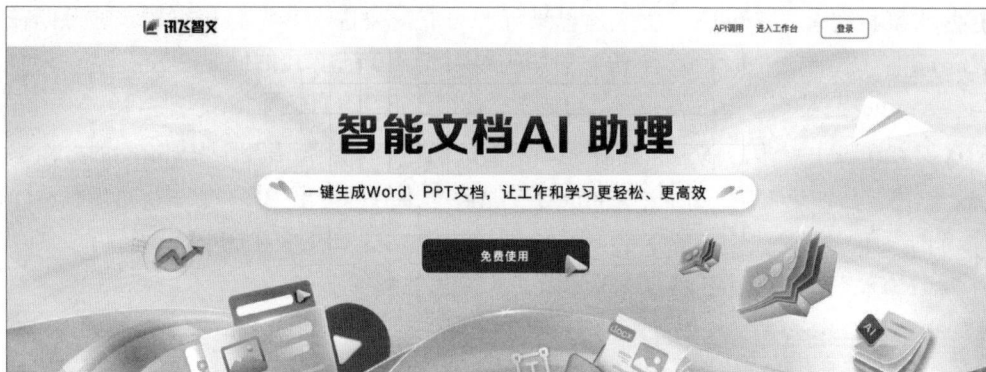

图5-23

02 输入主题。在DeepSeek的对话框中输入并发送「请帮我生成一份PPT，主题为[DeepSeek如何帮我们提高效率]，要求有至少十种方式」。

03 生成PPT文本内容。DeepSeek能够根据指令生成相应的文本内容，如图5-24所示。

图5-24

04 生成结构化的Markdown文本内容。为了方便后续操作，可以让DeepSeek以Markdown格式输出内容。可以在对话框中输入「请以Markdown格式输出」，DeepSeek会自动生成结构化的Markdown文本内容，如图5-25所示。

图5-25

05 保存Markdown文件，将DeepSeek生成的Markdown文本内容复制出来，新建一个文本文件，将内容粘贴进去。然后将文件的扩展名从".txt"改为".md"，保存为Markdown文件。这样，你就得到了一个可以被"讯飞智文"识别的Markdown文件，如图5-26所示。

图5-26

06 导入Markdown文件。打开"讯飞智文"，在菜单栏中选择"文档创建"，如图5-27所示。再单击"点击上传"，如图5-28所示。在弹出的文件选择窗口中，找到上一步保存的Markdown文件，将其选中并打开。

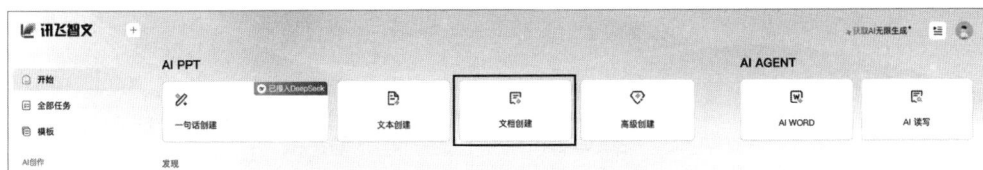

图5-27

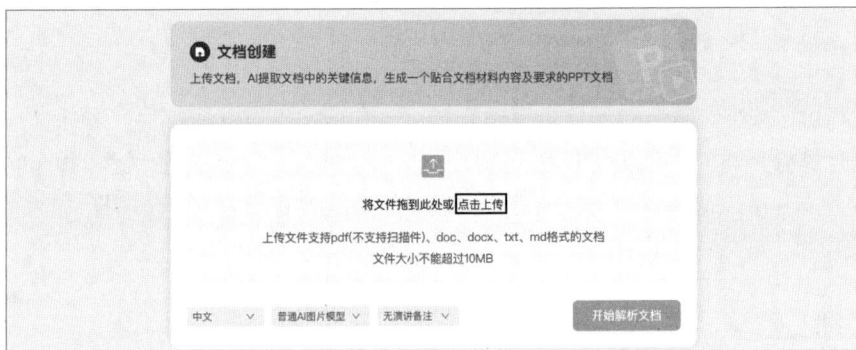

图5-28

07 生成PPT结构。上传文件之后，单击"开始解析文档"，如图5-29所示。"讯飞智文"会根据Markdown文件中的内容，自动生成PPT结构，如图5-30所示。

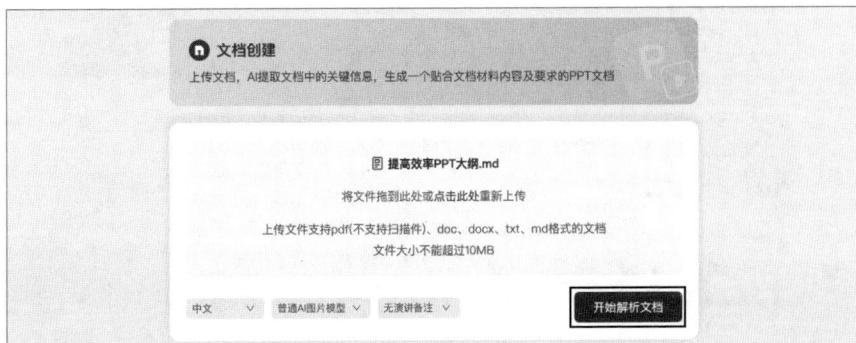

图5-29

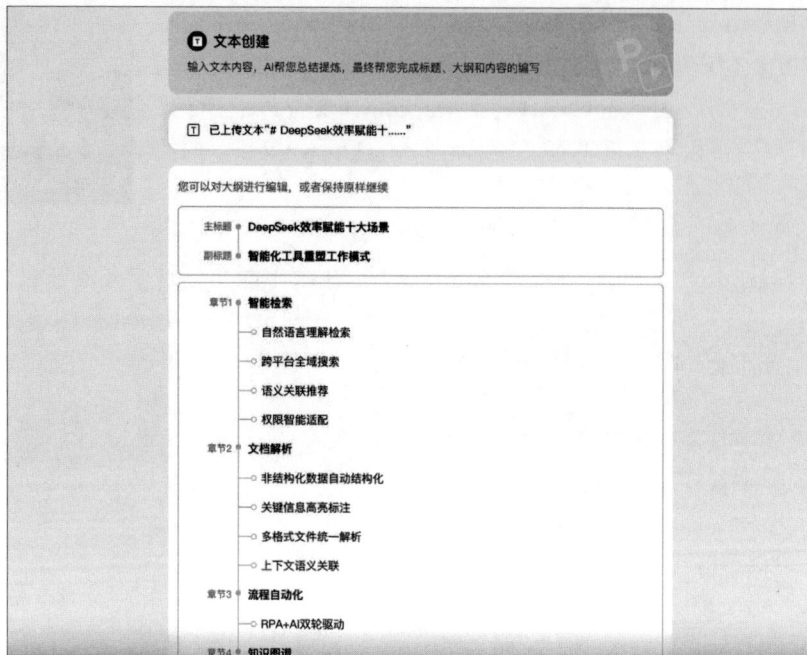

图5-30

08 选择PPT模板。讯飞智文提供了丰富的PPT模板,这些PPT模板按照不同行业、风格、颜色进行分类,你可以根据需求选择合适的PPT模板。例如,如果你的PPT内容是商务类型的,可以选择"商务"风格的模板;如果是教育内容,可以选择"教育培训"行业的模板,如图5-31所示。

图5-31

09 调整和完善PPT。生成的PPT可能需要进一步调整和完善。你可以在讯飞智文中对PPT进行编辑，例如添加或删除幻灯片、调整幻灯片的顺序、修改文字和图片等，如图5-32所示。"讯飞智文"提供了丰富的编辑功能，可以帮助你创建出符合自己需求的PPT。

图5-32

10 保存和导出。完成PPT的编辑后，单击右上角的"下载"按钮，如图5-33所示，并在打开的菜单中选择"保存到个人空间"，随后便可以将PPT发布到小红书平台。通过DeepSeek和讯飞智文的结合，我们可以快速生成高质量的PPT，大大提高知识分享和"种草"的效率。

图5-33

5.3.4 结合使用浏览器生成盘点图

在小红书上，知识盘点类内容也很受欢迎，而DeepSeek与浏览器的结合可以直接生成这类内容。下面将详细介绍如何利用DeepSeek和浏览器生成盘点图，帮助你快速整理并在小红书上分享这类内容。

01 准备浏览器。使用你常用的浏览器，如Chrome、Edge或Safari。确保浏览器已经更新到最新版本，以获得最佳的兼容性和性能。

03 生成结构化的HTML文本内容。随后，在对话框中输入「请以HTML格式输出」，DeepSeek会生成结构化的HTML文本内容，如图5-35所示。

图5-35

04 保存结构化的HTML文本内容。新建一个文本文件，将DeepSeek生成的结构化HTML文本内容复制并粘贴进文本文件中，如图5-36所示。

图5-36

02 生成文本内容。在DeepSeek的对话框中，输入你想要生成盘点图的主题。例如，你可以输入「2024年小红书热门美妆产品盘点」，DeepSeek能够根据你输入的提示词，生成相应的文本内容，如图5-34所示。

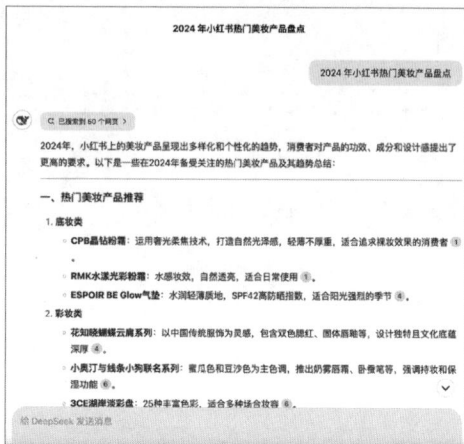

图5-34

05 修改文件扩展名。将文件的扩展名由".txt"改为".html"，如图5-37所示。这样，你就得到了一个可以直接在浏览器中打开的HTML文件。

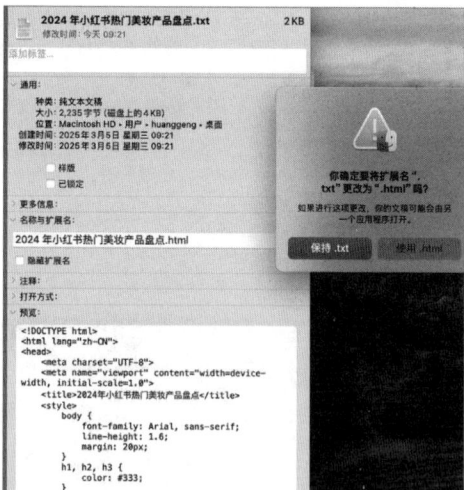

图5-37

06 打开HTML文件。找到你在"05"步骤中保存的HTML文件,单击后在弹出的快捷菜单中的"打开方式"子菜单中选择合适的浏览器,如图5-38所示。浏览器会根据HTML文件中的内容,自动生成盘点图的网页格式。

07 保存和导出盘点图。完成盘点图的编辑后,你可以将其保存为HTML文件,以便日后继续编辑。此外,你还可以打开生成的HTML文件,进入相应的页面,单击页面,在弹出的快捷菜单中选择"另存为图片"或类似选项,选择PNG或JPG格式,将盘点图导出为图片,以便在小红书等平台上发布和分享。

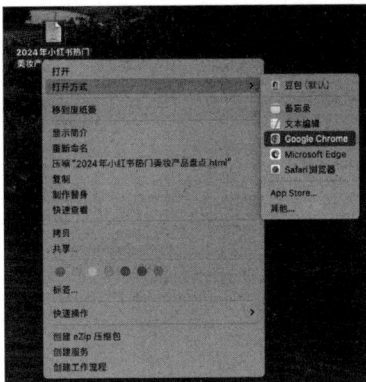

图5-38

通过DeepSeek和浏览器的结合,我们可以快速生成高质量的盘点图,使信息可视化的效果更佳。这一过程不仅简单高效,而且具有很强的实用性和灵活性。

5.3.5 案例:培训机构用资料进行引流

某知名英语培训机构为了扩大招生规模,提高品牌知名度,决定通过资料引流的方式吸引潜在学员。他们选择了一线城市作为主要推广区域,目标受众为18~35岁的大学生和年轻职场人士。这些人对英语学习有较高的需求,且具有较强的消费能力。该机构利用DeepSeek制作了一套精美的思维导图资料,内容涵盖英语学习的各个方面,如语法、词汇、口语、写作等。这些思维导图不仅内容丰富、实用,而且设计精美,具有很强的吸引力。

通过这种方式,该机构成功实现了资料引流的目标,不仅扩大了招生规模,还提升了品牌知名度。以下是具体的操作步骤。

首先,工作人员在DeepSeek中输入并发送「请帮我生成一份思维导图知识框架,主题为[英语语法思维导图],请以Markdown格式输出」。DeepSeek根据输入的指令生成相应的Markdown格式内容,如图5-39所示。这一过程非常高效,几乎省去了大量的手动整理工作。

图5-39

随后，工作人员新建了一个文本文件，并将生成的Markdown格式的内容复制并粘贴进文本文件，然后将文件的扩展名由".txt"改为".md"，保存为Markdown文件，如图5-40所示。

图5-40

接着，工作人员打开Xmind思维导图工具，选择"文件">"导入">"Markdown"，然后导入已经保存的Markdown文件。几秒钟后，一份结构清晰、内容完整的思维导图就生成了，如图5-41所示。

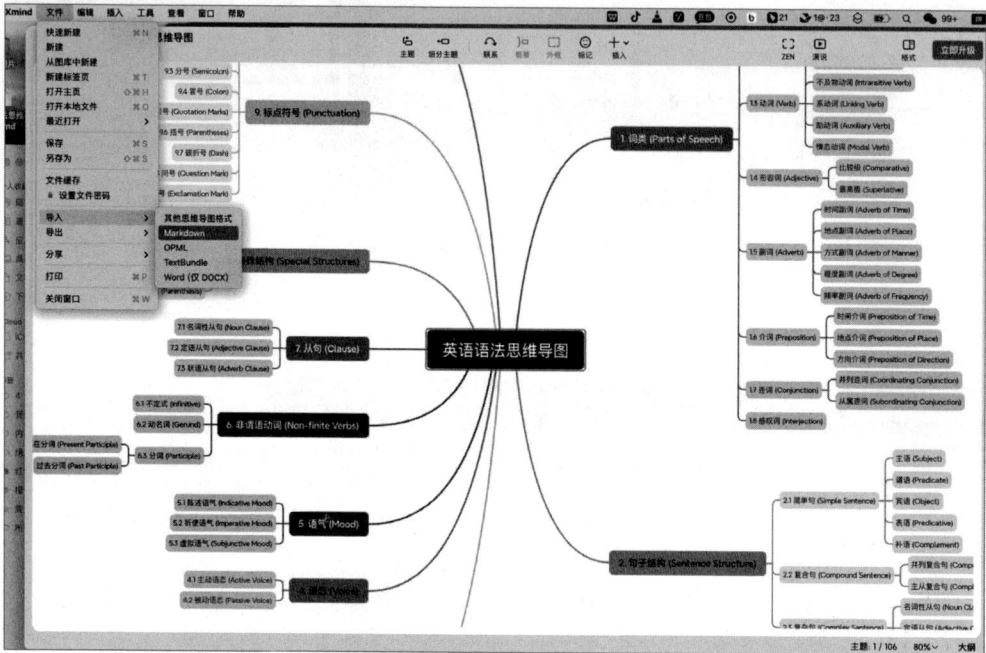

图5-41

然后，该机构采用了线上、线下相结合的推广方式。在线上，他们通过社交媒体平台、教育论坛等渠道发布思维导图资料，吸引潜在学员的关注。同时，他们还在官方网站上设置了免费下载资料的入口，方便学员获取。在线下，他们在培训机构附近、商场、学校等地发放资料，直接触达目标受众。

最后，通过一段时间的推广，该机构对引流效果进行了评估。他们发现，线上渠道的引流效果较为显著，尤其是社交媒体平台和教育论坛，吸引了大量潜在学员的关注和咨询。线下渠道虽然触达人数较多，但转化率相对较低。

通过这个案例可以看到，培训机构利用DeepSeek制作思维导图资料进行引流是一种非常有效的招生方式。其中的关键在于设计精美的思维导图资料，采用线上、线下相结合的推广方式，不断扩大影响力和触达范围。同时，要注重对引流效果的评估和优化，根据实际情况调整策略。

第 **6** 章

用DeepSeek
辅助创作IP图像、视频

6

6.1 IP的价值

IP并不是一个新词，尤其是在小红书这个平台上，IP的价值正在经历火箭式的飙升。而没有IP的小红书账号，即使偶尔火一把，最终也会被算法扔进"下水道"，变得无人问津。

6.1.1 IP对于小红书账号的重要性

1.账号没有IP的痛点

用户默认有IP的小红书账号背后才是真实的人，没有IP的账号很容易被当成营销号。总体来看，没有IP的小红书账号有以下两个痛点。

（1）被当成营销号

·拍的ins风早餐图被抄袭，盗图者的粉丝量反超自己的粉丝量10倍，别人还以为盗图者是原创者。

·好不容易爆了一篇笔记，评论区却在问"链接在哪"，其实你卖的是自家种的橘子。

（2）转化数据差

算法在后台给有IP的账号开的"后门"比VIP通道还宽，平台也在鼓励用户出镜打造个人IP。没有IP的账号，就像大海里的一叶小舟，很容易被淹没。来看下面的两组行业数据。

·对于同款美白精华推广文章，没有IP的账号的转化率仅为0.3%，而有IP的账号的转化率高达8.7%。

·对于同款民宿推广文章，没有IP的账号的收藏比仅为5%，而有IP的账号的收藏比高达41%。

2.账号有IP的优势

在小红书上，如果账号有个人IP，将会具备以下四大优势。

（1）辨识度

有IP的账号通常以某个具有独特个性、故事背景或品牌形象的角色、事物等为核心。

例如，以知名卡通形象、文学作品角色、原创虚拟人物等为IP的账号，在名字、头像、简介等地方都会体现出鲜明的IP特征，使用户能够轻易识别和记住该账号。比如"迪士尼的米老鼠官方账号"，用户一眼就能看出这是与米老鼠相关的账号，具有极高的辨识度。

（2）共鸣感

有IP的账号能够凭借其独特的IP形象和故事背景，吸引大量具有相同兴趣爱好的用户关注和互动。这种账号通常拥有固定的粉丝群体，用户黏性和活跃度较高。

例如，对于以热门动漫IP为核心的账号，粉丝们会积极地在评论区讨论动漫情节、分享周边产品等，形成良好的社区氛围。

（3）推广和营销效果

在推广和营销方面，有IP的账号具有天然优势。由于IP本身已具备一定的知名度和粉丝基础，通过该账号进行相关内容的推广和营销，能够快速吸引目标受众的关注和参与。

例如，以知名影视IP为主题的账号，在宣传与该IP相关的衍生产品、活动或新作品时，粉丝往往会产生较高的兴趣和购买意愿，从而提升推广和营销的效果。此外，有IP的账号还可以通过与其他品牌、IP进行合作联名等方式，进一步扩大影响力和市场覆盖范围，实现互利共赢的商业价值。比如，某知名饮料品牌与热门动漫IP合作推出联名款饮料，通过动漫IP的官方账号进行宣传推广，吸引了大量动漫粉丝购买，成功提升了饮料的销量和品牌知名度。

（4）安全性

有IP的账号通常会受到平台和创作者的高度重视，因此账号的安全防护措施相对更为完善。账号拥有者会采取多种手段保障账号安全。

例如，平台会通过设置复杂密码、绑定手机号和邮箱进行双重验证、定期修改密码等方式，保障有IP的账号的登录安全性。同时，平台也会对有IP的账号给予更多安全关注和技术支持，如提供专门的安全防护工具，优先处理账号异常情况等，降低账号被盗用或遭受恶意攻击的风险，确保账号的稳定运行和内容的安全发布。

总之，拥有IP意味着你拥有了一份可以不断增值的数字资产。随着持续的内容输出，IP逐渐丰满并深入人心，你的IP也将具备创造更多商业价值的可能性。

6.1.2 有IP的小红书账号的五大变现方式

那么，当你打造了有IP的账号之后，有哪些变现方式呢？

1.广告合作

广告合作是小红书上的有IP的账号最常见的变现方式之一。品牌方会根据账号的粉丝量、影响力和内容垂直度，选择合适的博主进行合作。博主可以通过发布"种草"笔记、产品测评笔记等形式，为品牌进行宣传推广。

例如，某博主在小红书上拥有"20万+"粉丝，其内容围绕女性独立、生活分享、实用技能等方面，如图6-1所示。该博主通过广告合作，为女性成长类产品进行推广，单篇图文广告报价8000元，近30天合作14篇广告，一个月变现约11万元。

图6-1

2.知识付费

知识付费是小红书上另一种重要的变现方式，适合有一定专业知识和经验的博主。博主可以通过开设专栏、售卖课程、提供咨询服务等方式，将自己的知识和经验转化为收益。

例如，某博主在小红书上分享小学课堂笔记、基础知识笔记等内容，吸引了约21万粉丝。该博主通过售卖电子版笔记、提供"一对一"辅导等方式进行变现。此外，该博主单篇视频广告报价3000元，单篇图文广告报价4000元，近30天合作8篇广告，一个月变现约3.2万元。

3.电商带货

电商带货是小红书上非常热门的变现方式。博主可以通过直播带货、笔记带货等形式，推广和销售产品，从中获取佣金。例如，某博主在小红书上分享健康养生知识，拥有"20万+"粉丝。该博主通过直播带货和笔记带货，推广健康产品。其他收入还包括广告收入，该博主单篇视频广告报价1.6万元，单篇图文广告报价1.3万元，近30天合作视频广告5条、图文广告92条，预估一个月变现"100万+"元。

4.私域流量变现

私域流量变现是指通过将小红书上的粉丝引导到微信等私域平台，进行更深入的运营和转化。博主可以通过私域流量，提供更个性化的服务和产品，提高粉丝的忠诚度和购买率。例如，某博主利用AI技术提供图片和文案生成服务，虽然才刚起步，但粉丝量增长速度惊人，两个月就涨粉"14万+"。该博主通过私域流量变现。此外，该博主单个视频广告报价2800元，单篇图文广告报价2800元，近30天合作视频图文广告18篇，预计一个月变现"5万+"元。

5.个人品牌变现

个人品牌变现是指通过打造个人品牌，提升自己的影响力和商业价值。博主可以通过个人品牌，获取更多的合作机会和商业资源，实现多元化的变现。例如，某博主通过打造个人品牌，在小红书上获得了近百万元的变现。该博主通过聚焦用户、垂直定位、升级笔记视觉设计等多种策略，吸引了大量粉丝的关注。

6.2 用DeepSeek辅助制作虚拟IP图像

在小红书上，虚拟IP是一个大蓝海，孙悟空就是虚拟IP的典型代表。然而，在过去，打造这样的虚拟IP需要专业团队进行巨大的成本投入，但随着AI技术的发展，越来越多的虚拟IP正在快速涌现，为创作者和品牌提供了全新的机会。

6.2.1 结合使用即梦AI生成虚拟IP图像

如何从0到1设计一个自己的虚拟IP，并将其从文字转化为适合在小红书平台的具象图像呢？下面将详细介绍具体的操作方法。除了DeepSeek，我们还会用到即梦AI，来帮助我们完成虚拟IP图像的制作。

01 设计虚拟IP图像。在DeepSeek的对话框中输入并发送「一个可爱的虚拟IP形象，具有独特的外观和个性」，DeepSeek会根据你的需求生成相应的内容，如图6-2所示。

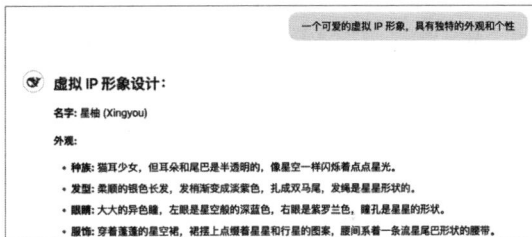

图6-2

02 生成即梦AI可用的提示词。因为要用生成的提示词在即梦AI中生成图像，所以你可以在DeepSeek中输入并发送「生成即梦AI可用的提示词」，如图6-3所示。复制DeepSeek生成的提示词。

图6-3

03 进入即梦AI界面。打开即梦AI，在界面中单击"AI作图"中的"图片生成"，如图6-4所示。

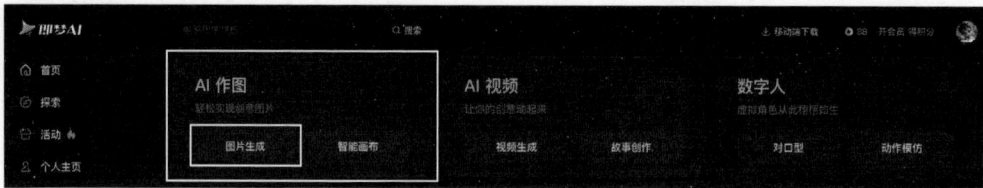

图6-4

04 输入提示词。在输入框中粘贴在"02"步骤中复制的提示词，如图6-5所示。

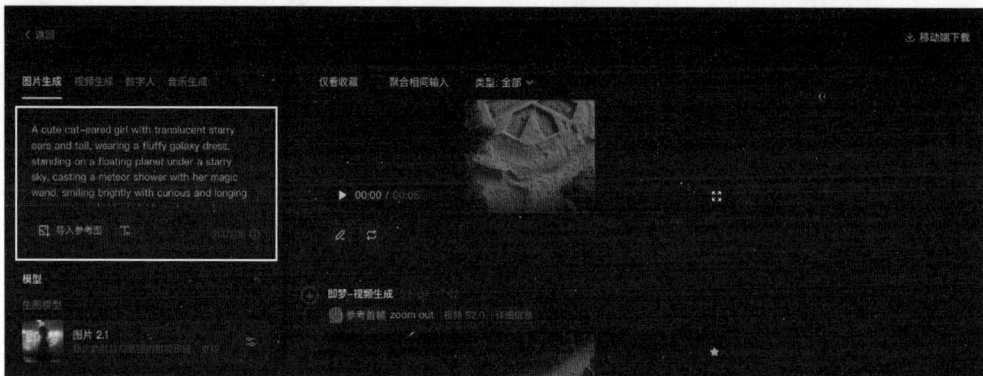

图6-5

05 设置图像参数。在即梦AI中，你可以根据需要设置图像参数，如设置模型参数、比例参数等。"图片比例"建议选择"9∶16"或"16∶9"，如图6-6所示。

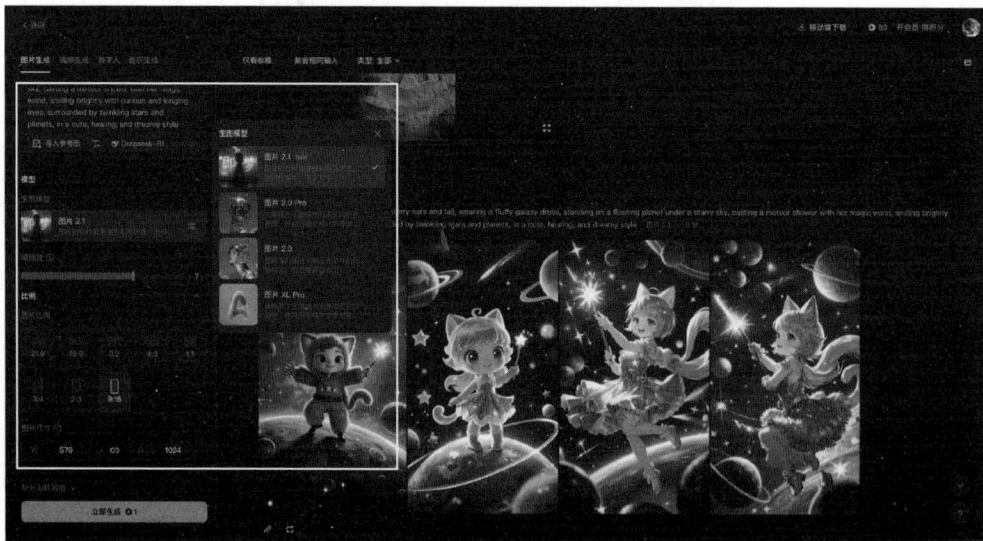

图6-6

06 生成虚拟IP图像。单击"立即生成"按钮，即梦AI会根据你提供的提示词生成虚拟IP图像。生成的图像可能会有多个版本，你可以选择最满意的版本，如图6-7所示。即梦AI和其他AI绘画工具一样，有一定随机性，所以有时候需要增加生成次数来确保达到满意效果。

图6-7

07 生成类似的虚拟IP图像。后续如果想要生成类似的虚拟IP图像，可以把之前生成的图像作为参考图上传至即梦AI。在对话框中，选择"角色特征"，这样就能生成类似的图像了，如图6-8和图6-9所示。

图6-8

图6-9

通过DeepSeek和即梦AI的结合，我们可以快速生成高质量的虚拟IP图像，让虚拟IP帮你变现。接下来，我将分享一个这种变现方式的案例。

6.2.2 案例：AI猫咪的爆红之路

在小红书的世界里，有这样一种猫咪，它没有真实的生命，却拥有比真实生命还要鲜活的魅力。它是一个由AI技术创造出来的虚拟猫咪IP，它用自己独特的方式，在小红书上掀起了一阵又一阵的热潮，如图6-10所示。

图6-10

AI猫咪的创作者是一位年轻的女孩，她一直对猫咪有着深厚的感情。在账号定位上，她将这个账号定位为一个分享猫咪日常生活的账号，希望通过这个账号让更多人感受到猫咪的可爱和温暖。

在形象塑造方面，该博主利用DeepSeek和即梦AI，创造了一个可爱、拟人化的猫咪形象。AI猫咪有着大大的眼睛、圆圆的脸，还有橙色的毛，让人一看就忍不住想要摸一摸，如图6-11所示。

在"蹭热点"方面，该博主也做得非常出色。她会及时关注小红书上的热门话题，并将这些话题融入自己的内容中。例如，当"周处除三害"这个话题在小红书上爆火时，该博主创作了一篇AI猫咪版的"周处除三害"，将AI猫咪塑造成一个勇敢的小英雄，成功吸引了大量粉丝的关注。

图6-11

随着AI猫咪的人气越来越高，该博主也开始考虑如何用账号变现。她选择了广告合作、品牌联名、知识付费这3种方式。

在广告合作方面，该博主与许多宠物品牌、玩具品牌进行合作。她会根据品牌的特点和需求，创作出符合品牌风格的内容，并在内容中巧妙地植入广告。这些广告不仅不会让粉丝感到反感，反而因为内容有趣和实用，让粉丝对品牌产生了好感。

在知识付费方面，该博主开设了一些关于AI技术的课程，将自己的知识和经验分享给更多人。这些课程不仅帮助了许多人，也为该博主带来了不少收入。

AI猫咪的成功，离不开该博主的努力和坚持。她用自己的创意和想象力，创造了一个深受粉丝喜爱的虚拟猫咪IP。她的经验告诉我们，只要肯努力和坚持，虚拟IP也可以在小红书上创造价值。

6.3 用DeepSeek辅助制作虚拟IP短视频

小红书上也有相当多的短视频用户，假如我们已经可以用DeepSeek和其他AI工具制作虚拟IP图像了，那能不能再进一步制作虚拟IP短视频呢？

6.3.1 结合使用即梦AI根据文字生成视频

在数字化时代，视频创作工具层出不穷，其中根据文字生成视频的工具尤为吸引人。接下来，我们将详细讲解如何使用DeepSeek和即梦AI根据文字生成视频。

01 准备好DeepSeek和即梦AI。

02 生成提示词。在DeepSeek的对话框中，输入你想要生成的视频的主题。例如，你可以输入「小猫厨师（拟人）在厨房煮鸡汤，请帮我优化成AI绘画提示词」。为了使DeepSeek优化出更精准的提示词，建议尽量详细地描述你的需求。之后，复制DeepSeek生成的提示词。

03 进入即梦AI。在首页单击"AI视频"中的"视频生成"，如图6-12所示。

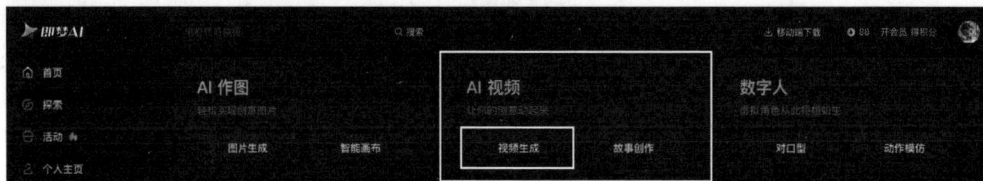

图6-12

04 输入提示词。选择"文本生视频"选项，在输入框中粘贴DeepSeek生成的提示词，如图6-13所示。

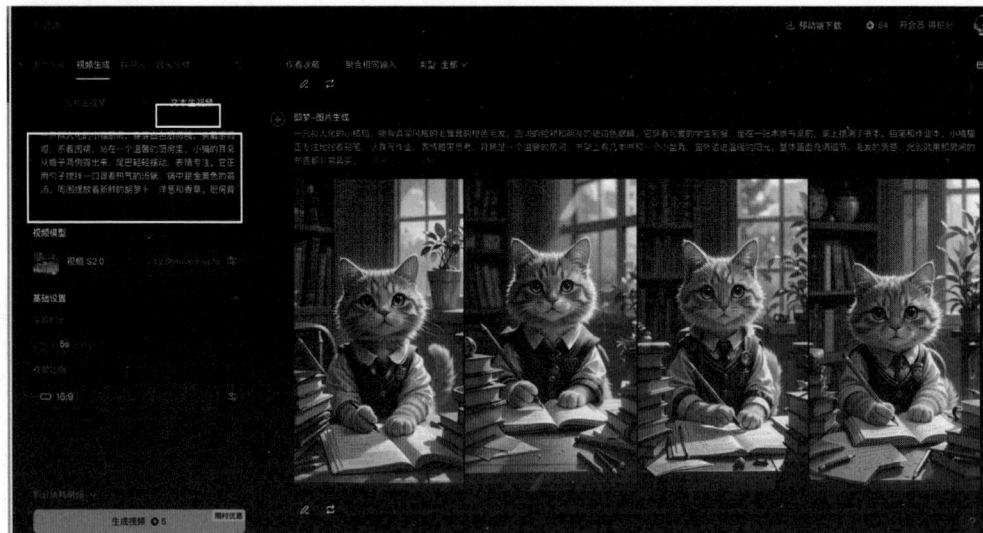

图6-13

05 设置视频参数。我们可以在左侧编辑栏中选择不同的模型，模型不同，生成的视频质量也不同；还可以设置"生成时长""视频比例"等参数。默认"生成时长"为"5s"，如图6-14所示。

图6-14

06 生成视频。单击"生成视频"按钮，即梦AI会根据你提供的提示词生成视频，如图6-15所示。生成的视频会自动播放，你可以实时查看效果。

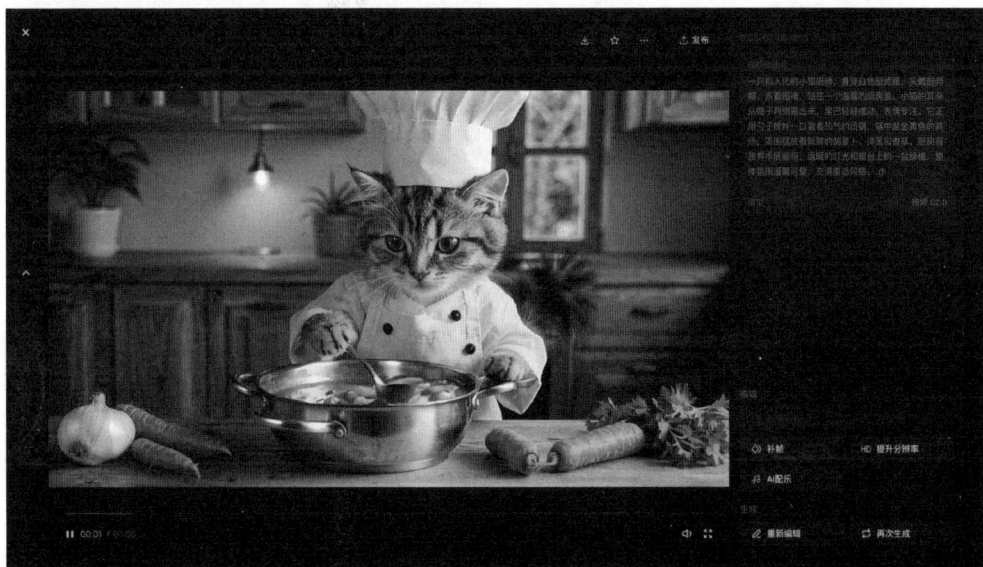

图6-15

07 检查和优化。即梦AI根据文字生成视频的效率很高，但缺点是用文字描述生成的画面的可能性较多，最后生成的视频效果可能与自己想象中的相差太大。因此，需要多次"抽卡"才能最终得到合适的视频。

如果想要更好地控制生成的视频效果，使其更达到我们的预期，还可以尝试6.3.2小节提到的方式。

6.3.2 结合使用即梦AI根据图片生成视频

下面讲解如何用DeepSeek+即梦AI，根据图片生成视频。相比文字，用图片生成视频拥有更高的准确性，相当于把电影制作中的分镜头工作提前完成了。这对于商业化的复杂应用，有着巨大的帮助。

01 准备好DeepSeek和即梦AI。

02 生成提示词。在DeepSeek的对话框中，输入你想要生成的图片的主题。例如，你可以输入「小猫咪厨师熬鸡汤，生成即梦AI可用的提示词」。随后，DeepSeek会输出相应的提示词。复制该提示词。

03 进入页面。打开即梦AI，在页面中单击"AI作图"中的"图片生成"，如图6-16所示。

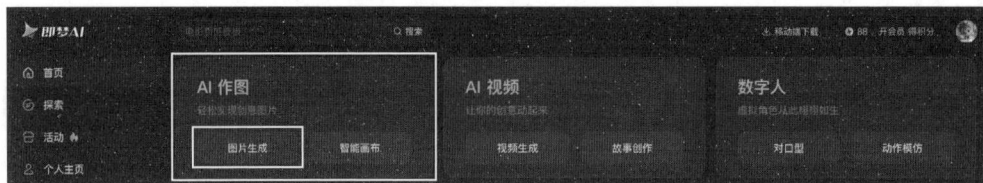

图6-16

04 输入提示词。在输入框中粘贴在"02"步骤中复制的提示词，如图6-17所示。

图6-17

05 设置图片参数。在左侧的编辑栏中，根据需要设置图片参数。建议选择"16：9"的"图片比例"，以适应不同的使用场景，如图6-18所示。

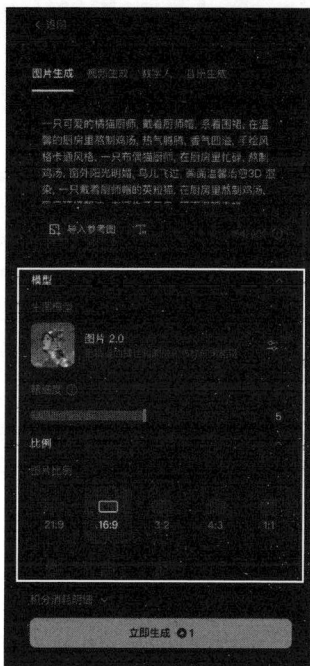

图6-18

06 生成图片。单击"立即生成"按钮，即梦AI会根据你提供的提示词生成图片。生成的图片可能会有多个版本，你可以选择最满意的版本，如图6-19所示。

图6-19

07 优化和调整图片。如果需要，可以在即梦AI中对生成的图片进行进一步优化和调整（如局部重绘、细节修复等），如图6-20所示。

图6-20

08 选择"图片生视频"选项。在即梦AI的菜单栏中选择"AI视频"中的"视频生成"选项，如图6-21所示。在"视频生成"选项卡中，选择"图片生视频"选项，如图6-22所示。这一选项对应功能能够将静态的图片转化为动态的视频，为创作带来更多可能性。

图6-21

图6-22

09 上传图片。单击"上传图片",在弹出的对话框中选择在"07"步骤中优化和调整过的图片,如图6-23和图6-24所示。

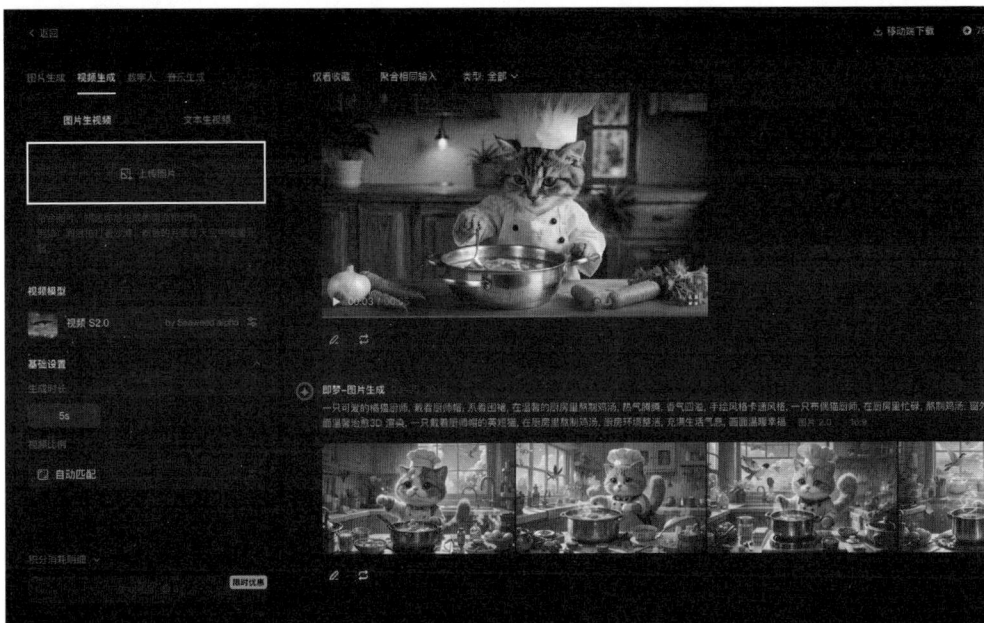

图6-23

图6-24

10 设置视频参数。即梦AI提供了多种不同的视频模型,这些模型有不同的运镜类型,不同的运镜类型会为视频带来不同的视觉效果。"生成时长"默认是"5s",这种时长的视频作为素材或一个镜头来说是没问题的。注意视频的比例是不能调节的,因为目前使用的是根据图片生成视频的功能,所以视频的比例与图片的比例一致,如图6-25所示。

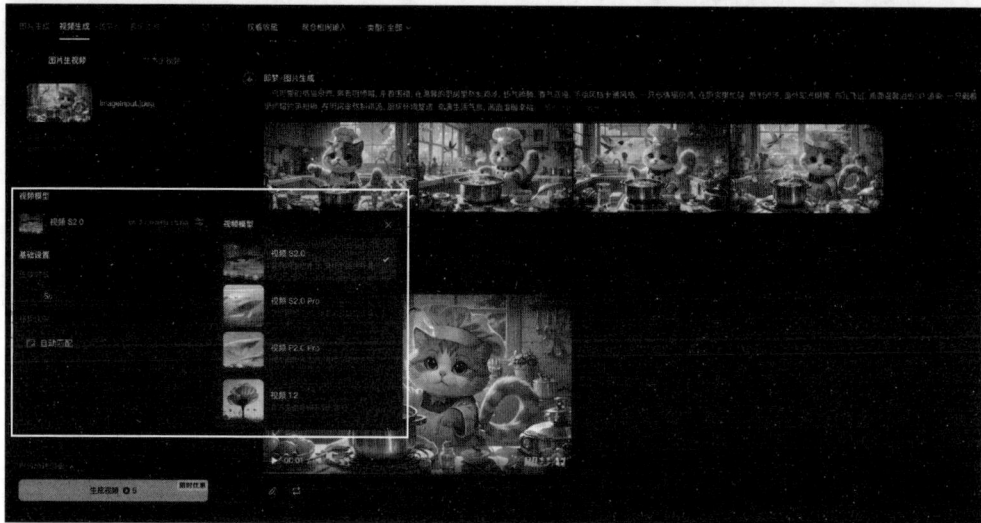

图6-25

11 生成视频。单击"生成视频"按钮,即梦AI会根据你提供的图片和设置的参数生成视频,如图6-26所示。

图6-26

12 调整参数。视频生成完成后，可以在右侧的编辑栏中调整视频的分辨率，或者加上配乐，以达到更满意的效果，如图6-27所示。

图6-27

13 如果对生成效果不满意，可以微调提示词并通过根据图片生成视频的功能继续优化效果。如果需要调整镜头内容和构图，可以回到"02"步骤重新生成图片。

6.3.3 案例：用DeepSeek辅助创作儿童绘本

在儿童教育领域，某出版社一直致力于为儿童提供优质的阅读体验和丰富的知识内容。最近，该出版社创新性地采用DeepSeek和AI绘图工具相结合的方式，制作出独具特色的AI儿童绘本，为儿童开启一扇通往知识与想象力世界的大门。

首先，创作团队在DeepSeek中输入与儿童教育、成长、想象力培养等主题相关的提示词，例如"勇敢的小冒险家""神秘的太空之旅""森林里的友谊"等。DeepSeek根据这些提示词，结合儿童心理特点和教育目标，生成丰富多样的故事创意和大纲。例如，它可能会生成一个关于小动物们在森林中共同对抗恶龙，最终学会团结协作的故事；或者一个孩子在太空中与外星朋友一起探索未知星球的故事，如图6-28所示。

图6-28

随后，在得到初步的故事创意和大纲的基础上，创作团队再次借助DeepSeek生成故事脚本。创作团队输入更具体的要求，如故事的场景设置、人物性格特点、情节发展脉络等，让DeepSeek生成详细、生动的故事脚本。例如，在"神秘的太空之旅"故事中，DeepSeek会进一步描述主角在太空中遇到的各种有趣的事，如零重力状态下的生活趣事、与外星生物的友好交流等，使故事更加吸引儿童。

接下来，创作团队将DeepSeek生成的故事脚本输入AI绘图工具中，AI绘图工具根据脚本中的场景设置、人物性格特点等信息，自动生成与故事脚本相匹配的精美插图。例如，当脚本中描述"在一片金色的麦田里，小兔子和小松鼠正在快乐地玩耍，儿童绘本风格"时，AI绘图工具会生成一幅充满童趣的麦田画面，画面展示了可爱的小兔子和小松鼠在阳光下嬉戏的场景，色彩鲜艳、形象生动，完美契合故事氛围，如图6-29所示。

图6-29

接着，创作团队将生成的故事文字和插图进行整合，按照儿童绘本的排版要求进行页面设计，确保文字与插图的搭配合理，页面布局美观大方，符合儿童阅读习惯。同时，还可以根据需要添加一些互动元素，例如让儿童猜测接下来会发生什么事、在画面中寻找隐藏的细节等，提高阅读的趣味性和参与感。

最后，专业的编辑团队对生成的AI儿童绘本进行审核和优化，检查故事内容是否符合教育理念、语言表达是否简洁明了、插图质量是否达标等。对于不符合要求的部分，再次利用DeepSeek和AI绘图工具进行调整和优化，直到达到满意的效果。

该出版社通过将DeepSeek和AI绘图工具相结合，成功创作出具有高教育价值和艺术价值的AI儿童绘本。这一创新举措不仅为儿童绘本行业带来了新的发展思路，也为儿童提供了更加丰富、有趣的阅读体验。

6.4 打造IP时露脸很重要

6.2节和6.3节提到的一些方法，都是在不露脸的情况下打造IP，但在打造个人IP的过程中，露脸是十分重要的。

露脸的其中一个好处就是容易被记住。人的大脑里有一个区域专门用来记忆人脸，因为在人类进化的过程中，如果认不清谁是自己部落的人，很容易就被淘汰，所以现在的人对人脸极其敏感。露脸的另外一个好处是容易被信任。我们想象一下，当一个人没有露出全脸时，你会有安全感吗？答案是没有。露脸会让人觉得真实、可靠，只有当你把全脸露出来，用户才会觉得有安全感。

如果你已经决定露脸了，那我再给你3条建议，帮助你在小红书上更快得到结果。

1.不要太在意容貌

当我们需要露脸时，不要太在意自己的容貌。这个角度好看还是那个角度好看其实都不重要，有个性、有真实感才最重要。

2.不要立太高端的人设

尽量不要立太高端的人设，这样会让我们感觉很累，接地气一点其实更容易圈粉，在我们还没有成功打造IP的时候就追求很高的质量，容易使自己感到很疲惫。在刚开始的时候，我们需要做的其实是坚持，多尝试，时间久了，你的IP慢慢就成了一个符号。

3.不要自己吓自己

既然选择了做自媒体，展示个人IP，我们就不要担心被看到，很多人会因为担心被亲戚、朋友看到而畏首畏尾，但当我们真正把IP打造成功之后，也就有了底气。所以重要的还是要多拍、多发，先把账号运营好，其他的事情暂且不去考虑。

6.5 用DeepSeek辅助制作真人IP图像

目前最主流的个人IP，仍然围绕真人打造。那么，DeepSeek和其他AI工具能否为真人IP提供更新、更高效的解决方案呢？

6.5.1 结合使用LibLibAI生成真人IP图像

如果不采用真人出镜的方式，如何用DeepSeek和LibLibAI生成真人IP图像呢？

01 准备好DeepSeek和LibLibAI。

02 生成提示词。在DeepSeek的对话框中，输入你想要生成的真人IP图像的主题，例如，你可以输入并发送「一个具有独特风格的真人IP形象，场景是在巴黎街头的咖啡馆，生成LibLibAI可用的提示词」，DeepSeek会根据你的需求，生成适合LibLibAI的提示词。复制该提示词。

03 搜索并选择模型。打开LibLibAI，在页面中选择"模型广场"，搜索并选择符合自己需求的模型。LibLibAI提供了丰富的模型供你选择，你可以根据需求选择合适的模型。例如，如果你的真人IP图像是基于时尚风格的，可以选择时尚风格的模型；如果是基于复古风格的，可以选择复古风格的模型。特别强调的是，最好选择真人IP写真类的模型，以确保生成的图像更加逼真和自然，如图6-30所示。

图6-30

04 同步模型和参数。在选择模型后进入模型的详情页，单击"立即生图"，如图6-31所示。之后系统会弹出推荐设置对话框，单击"画同款"，即可一键同步模型和参数，以便在后续步骤中快速生成想要的图像，如图6-32所示。

图6-31

图6-32

05 输入提示词。在输入框中粘贴在"02"步骤中复制的提示词，并单击"翻译为英文"，即可将提示词一键转换为LibLibAI能理解的格式，如图6-33和图6-34所示。

图6-33

图6-34

06 换脸操作。为了确保真人IP图像的统一性，可以向下滑动页面，找到并单击"ControlNet"按钮，在"Control Type"中选择"IP-Adapter"，如图6-35所示。然后上传图像进行换脸操作，如图6-36所示。这些功能可以帮助你将不同图像中的人物面部进行替换，确保真人IP图像的统一性。

图6-35

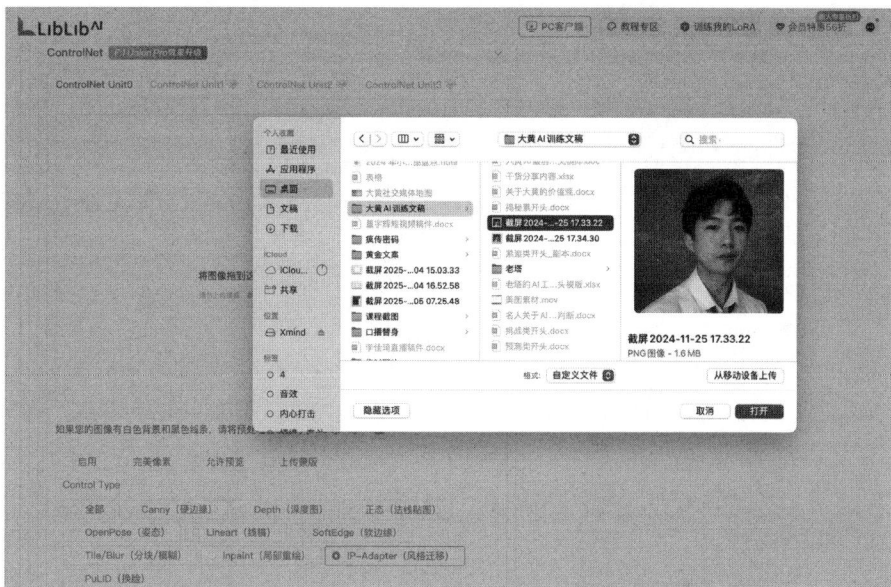

图6-36

07 生成图片。单击"开始生图"按钮，LibLibAI会根据你提供的提示词生成真人IP图像，如图6-37所示。生成的图像可能会有多个版本，你可以选择最满意的版本。

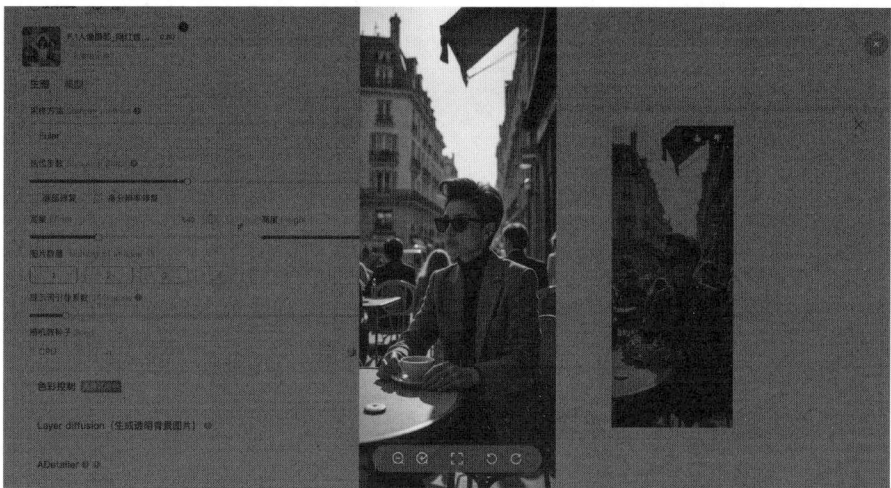

图6-37

这种图像生成方式的商业价值主要体现在以下方面。首先，通过生成高质量的真人IP图像，可以有效吸引用户的注意力，提升IP的知名度。其次，完全摆脱时间和空间的束缚，让你的IP可以随时随地"出现"在地球甚至宇宙的任何角落，大大提高素材的丰富度，节省拍摄成本。这种创新的营销方式可以为IP带来更多的商业合作机会，有助于拓展业务领域。下面，我将分享一个具体的商业案例。

6.5.2 案例：700万粉丝的博主竟是AI生成的

在AI博主领域，最"大牌"的博主之一当属2016年出道的Lil Miquela。她以独特的虚拟形象和个性，迅速在社交媒体上走红，成为AI博主领域的领军人物。如今，Lil Miquela的全网粉丝已经超过700万，她的影响力可见一斑。Lil Miquela主要靠广告合作方式变现，合作的对象很多都是知名度较高的大牌。在大牌们的捧场下，Lil Miquela的年收入已经达到了1000万美元（约7000万元人民币）。

除了Lil Miquela，还有其他AI博主也在广告领域取得了不俗的成绩。例如，西班牙的Aitana Lopez，她在Instagram上拥有超过12.1万名粉丝，每张照片的浏览量都很大。Aitana Lopez的最大优势是24小时无休，深夜12点还在晒秀场后台自拍，3小时后现身东京街头打卡知名拉面店，次日清晨又推送早餐Vlog。Aitana Lopez每拍一条广告就能获得超过1000欧元（约8000元人民币）的收入，每个月收入最高能达到10000欧元（约80000元人民币）。

AI博主的成功，离不开技术的进步。较早的Lil Miquela就融合了很多AI技术，如生成对抗网络（GAN）和其他模型，用来生成逼真的数据。随着AI技术的进步，AI博主已经成为一门可量产的生意。

直到今天，DeepSeek和即梦AI的"超强组合"，已经将技术门槛降低到人人可用。不过，虽然AI降低了内容创作成本，但真正拉开内容质量差距的因素是对传播和优质内容的理解。

6.6 用DeepSeek辅助制作数字人

在数字化时代，数字人的制作技术也在不断发展，这种技术为我们提供了一种低成本打造IP的模式。然而，市面上的数字人鱼龙混杂，质量参差不齐。那么，数字人到底有哪几种类型？又有哪些应用呢？在本节中，我们将具体介绍。

6.6.1 数字人的3种类型

以下是数字人的3种类型以及它们的表现、原理、各自的优劣势。

1.对口型数字人

表现：对口型数字人通过使用AI技术将静态照片转化为动态视频制作而成，其能够根据音频内容进行口型同步，仿佛在说话。这种数字人通常用于讲解、播报等场景，能够为观众带来更加生动的视觉体验。

原理： 对口型数字人主要依赖于语音驱动算法，将音频信号转换为数字人的唇部动作。通过精确的算法，对口型数字人的口型能够与音频内容实时同步，确保口型与声音的匹配度。此外，对口型数字人还可以结合表情驱动系统，实现自然流畅的动态表情，使其更加生动。

对口型数字人有以下3点优势。

① 制作成本低：对口型数字人的制作相对简单，不需要复杂的3D建模和动作捕捉设备，降低了制作成本。

② 制作效率高：通过AI技术，能够快速生成对口型数字人，提高了制作效率。

③ 灵活性强：可以根据不同的音频内容，快速调整对口型数字人的口型和表情，使其适应多种场景需求。

对口型数字人的劣势为受限于素材。对口型数字人目前制作门槛较低，制作速度也较快。目前对口型数字人的制作比较依赖持续输入的素材的丰富度，素材的丰富度决定输出内容的丰富度，经常搭配日常口播、照片输出。

2.克隆数字人

表现： 克隆数字人是指通过AI技术对真人的形象、声音和动作进行克隆，从而生成与真人高度相似的数字人。

原理： 克隆数字人主要依赖于深度学习和计算机视觉技术，通过对真人的大量数据进行训练而生成。具体来说，生成克隆数字人时需要采集真人的图像、音频和视频数据，然后通过AI算法进行分析和处理，生成克隆数字人的外观、声音和动作特征。

克隆数字人有以下3点优势。

① 高度拟真：克隆数字人能够高度还原真人的外观、声音和动作，具有很强的真实感。

② 交互性强：克隆数字人可以实现多种动作和表情，能够与用户进行自然的交互。

③ 应用领域广泛：克隆数字人可以应用于多个领域，如娱乐、教育、企业服务等。

克隆数字人还有以下两点劣势。

① 价格昂贵：克隆数字人需要的算力成本较高，需要花费千元甚至万元不等（但算力成本正在不断降低）。

② 素材门槛较高：因为训练素材越优质，输出的内容就越优质，所以目前克隆数字人对于拍摄素材的要求较高。

3.3D数字人

表现： 3D数字人通过3D建模、AI渲染、动作捕捉等技术生成，具有高度拟真的外观和动作。这种数字人可以在3D空间中自由移动，实现各种复杂的动作和表情，具有很强的沉浸感和交互性。

原理: 3D数字人的制作过程较为复杂,需要结合多种技术。首先,使用3D建模软件(如Maya、Blender、ZBrush等)对扫描数据进行细化,生成面部与身体的高精度模型。然后,通过动作捕捉技术,将真人的动作和表情实时映射到3D数字人身上。此外,还需要使用表情驱动系统和语音合成技术,为3D数字人创建自然流畅的表情和语音输出。

3D数字人有以下3点优势。

① 高度拟真: 3D数字人具有高度拟真的外观和动作,能够为用户提供沉浸式的体验。

② 交互性强: 3D数字人可以实现多种复杂的动作和表情,能够与用户进行自然的交互。

③ 应用领域广泛: 3D数字人可以应用于多个领域,如元宇宙、虚拟会议、文旅、影视制作等。

3D数字人的劣势为门槛较高。目前3D建模涉及的专业软件较多,属于前沿应用领域,具有一定的门槛。

不过,目前大部分数字人的使用价格仍然较高。针对特定需求,选择合适的数字人至关重要。接下来,我将以目前成本较低,也是在小红书上使用较广泛的对口型数字人为例,讲解数字人到底怎么生成。

6.6.2 结合使用快点口播生成对口型数字人

以下是使用DeepSeek和快点口播生成对口型数字人的详细实操过程。

01 注册并登录快点口播。在微信中搜索快点口播,进入公众号或小程序,如图6-38所示,随后按照提示完成注册和登录。

图6-38

快点口播是一款专业的数字人口播工具,支持文案提取、文案仿写、语音克隆、数字人生成一站式口播解决方案,3分钟即可生成一条数字人口播视频,让你"蹭热点"的速度更快。

02 录制视频片段。录制一个自己的视频片段,可以不讲话,也可以只讲"123"。这个视频片段将用于训练数字人模型,确保数字人能够准确地进行口型同步,如图6-39所示。

03 生成口播文案。在DeepSeek的对话框中,输入你想要生成的口播文案的主题。例如,你可以输入「请为一款智能手表撰写一段30秒的产品介绍口播文案,突出其健康监测和运动功能」,DeepSeek会根据你的需求,生成一份详细的口播文案。

图6-39

04 进入页面。打开快点口播后,单击下方菜单栏中的"数字人",然后单击页面中的"极速克隆,立即出片",进入数字人相关操作页面,如图6-40所示。

图6-40

117

05 输入文案。在页面中单击"文案输入",如图6-41所示,然后将DeepSeek生成的口播文案复制并粘贴,再点击下方的"下一步"按钮,如图6-42所示。

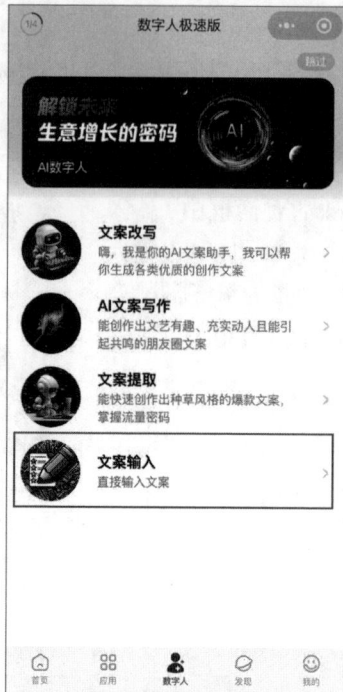

图6-41

图6-42

06 上传训练视频。点击"数字人训练视频"并选择你在"02"步骤中录制好的视频片段。快点口播会根据这个视频片段,训练出你的数字人模型,如图6-43所示。

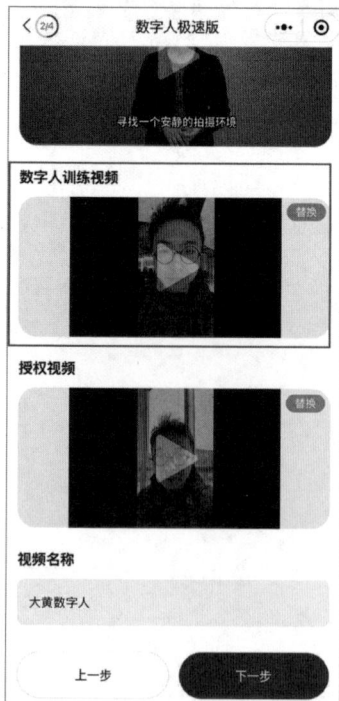

图6-43

07 录制授权视频。为了确保数字人口播不会被用于违法用途,你需要录制一个授权视频。在授权视频中,你需要明确授权快点口播使用你的形象和声音进行数字人的生成,随后点击"下一步"按钮。如图6-44所示。需要注意的是,录制授权视频有助于保护你的合法权益。在录制授权视频时,要确保视频内容清晰,授权声明明确。

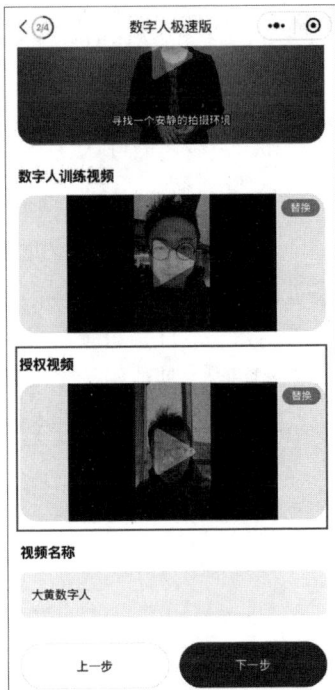

图6-44

08 选择音色。快点口播提供了多种音色,你可以根据需要选择一个合适的声音,如图6-45所示。如果你已经完成声音克隆,也可以直接选择自己的声音。

图6-45

09 生成视频。单击"下一步",快点口播会根据你输入的文案和上传的视频片段,生成一个全新的口播视频。生成的视频会将上传的视频片段中的口型与文案进行同步合成。你可以点击"下载"进行保存,如图6-46所示。

通过DeepSeek和快点口播的结合,我们可以快速生成高质量的对口型数字人,提高创作效率和质量。这一过程不仅简单高效,而且具有很强的实用性和灵活性。无论是在广告宣传,还是在其他需要对口型数字人的场景中,DeepSeek和快点口播的结合都能提供一种超快速的口播解决方案。

图6-46

6.6.3 结合使用即梦AI生成3D数字人

为了让普通人也能拥有自己的3D数字人"分身",我特地设计了一个帮助你快速拥有3D数字人"分身"的简易操作版本。以下是使用DeepSeek和即梦AI生成3D数字人的详细实操过程。

01 准备人物照片。准备一张照片,用于创造3D数字人的形象,包括年龄、性别、外貌特征等。我们可以用手机前置摄像头拍摄一张自拍照片。

02 明确形象风格。明确希望展示的形象风格。例如,展示一个30岁的男性形象,戴眼镜,穿着简单的衣服,与照片高度贴合。

03 选择工具。选择DeepSeek和即梦AI作为主要工具。DeepSeek可以帮助生成高质量的人物描述提示词,而即梦AI则可以生成图像并将这些图像转化为3D数字人。

04 生成提示词。打开DeepSeek,输入并发送人物的基本信息「3D数字人具有卡通风格,背景是科技感的虚拟场景,人物表情友好,请帮我输出即梦AI绘画提示词」,DeepSeek会生成相应的提示词。

05 进入页面。打开即梦AI,在页面中单击"AI视频"中的"视频生成",如图6-47所示。

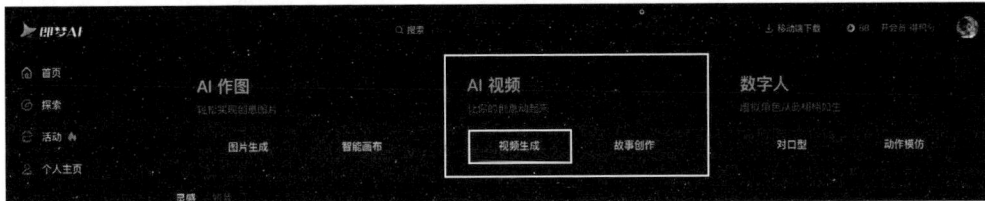

图6-47

06 输入提示词。选择"图片生成"选项，并选择一个合适的模型。例如，选择"图片2.0"模型，设置"图片比例"为"2：3"，这样可以同时适用于横屏和竖屏视频。将DeepSeek生成的提示词复制并粘贴到即梦AI的输入框中，单击"立即生成"，即梦AI会根据提示词生成4张不同的形象图，如图6-48所示。

图6-48

07 导入参考图。单击"导入参考图"，在弹出的对话框中选择在"01"步骤中用手机拍摄的素材，如图6-49所示。然后在"参考图"对话框中选择"人物长相"，如图6-50所示。

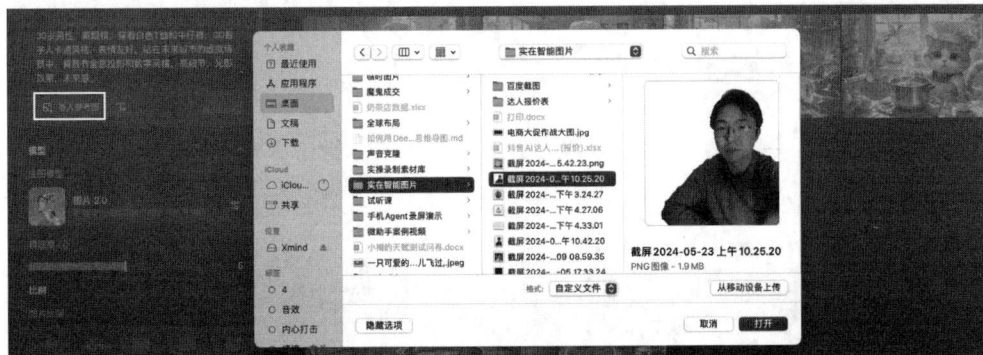

图6-49

图6-50

08 生成3D数字人形象图。单击"立即生成"按钮，即梦AI会自动生成多个3D数字人形象图。如果不满意，还可以修改参数继续生成，如图6-51所示。

图6-51

09 保存图片。从生成的4张图片中选择一张最满意的，并在"编辑"栏中单击"HD 超清"按钮，生成高清图片，并保存到本地，如图6-52所示。

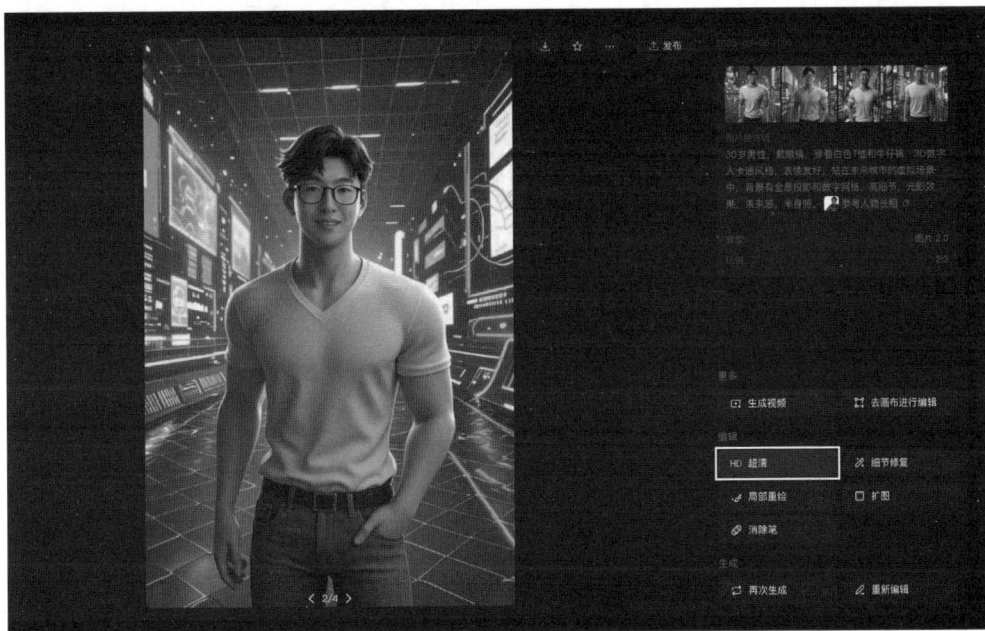

图6-52

10 进入页面。打开即梦AI，在页面中单击"数字人"中的"对口型"，如图6-53 所示。

图6-53

11 上传高清图片。在"角色"栏中上传"09"步骤中生成的高清图片，如图6-54所示。

12 设置音色。上传角色的音频。如果没有音频，也可以使用即梦AI的预设音色，如图6-55所示。如果音频超过36秒，需要分段生成。

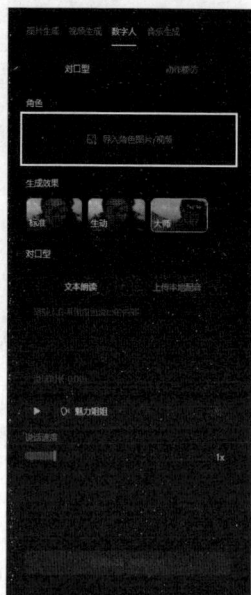

图6-54

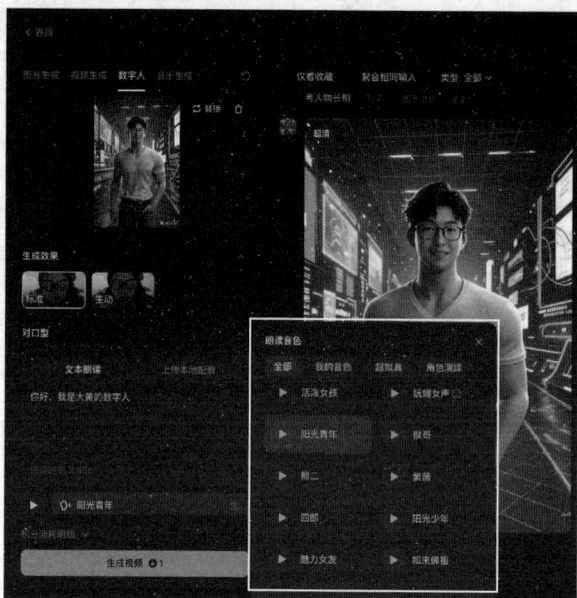

图6-55

13 设置生成参数。选择"生成效果"为"标准"或"生动"，如图6-56所示。"生动"模式可以让整个画面实现更大幅度的协调和变化，但同时会自动裁剪画面。

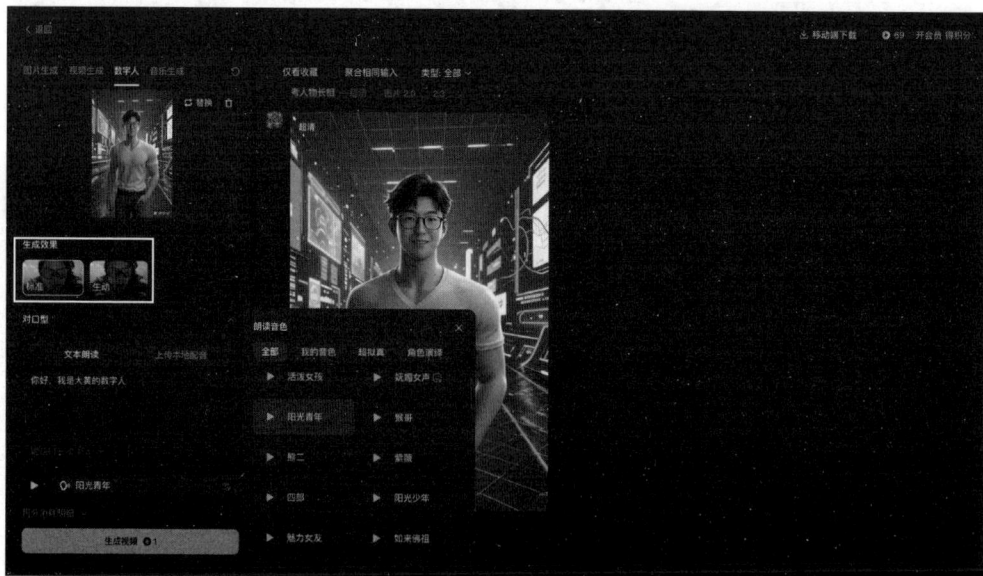

图6-56

14 生成视频。单击"生成视频"按钮，等待视频生成完成，如图6-57所示。

图6-57

15 优化视频效果。生成的视频可能会有一些细节需要调整，比如人物表情、背景效果等。可以回到即梦AI的"文字生图片"这一步（即"06"步骤），对提示词进行微调，优化生成效果。例如，我们想要把科技感背景换为办公室背景，就可以更改对应的提示词，重新生成图片，如图6-58所示。

图6-58

16 调整参数。检查视频的整体效果，可以进一步提高视频的分辨率和帧率，以适应更大屏幕和更高级别的应用场景。

通过以上步骤，你可以快速生成3D数字人，轻松拥有属于自己的3D数字人"分身"。

6.6.4 案例：借助克隆数字人卖课

2025年，某商业博主凭借其独特的营销策略和对AI技术的巧妙运用，成功实现了6天卖课获利百万元的惊人业绩。以下是她的"打法"解析。

首先，该博主通过AI技术生成了一批克隆数字人，这些克隆数字人具有与该博主高度相似的外貌和声音。通过这种方式，该博主能够批量创建多个账号，形成账号矩阵。这些账号在各大短视频平台上同步发布内容，提高了曝光率和影响力。

其次，该博主利用DeepSeek批量写稿，生成大量口播文案。这些文案经过精心设计，能够吸引用户的注意力并激发他们的兴趣。随后，该博主通过AI技术将这些文案转化为口播短视频，进一步提高了内容的吸引力和传播力。

最后，通过批量生成的口播短视频，该博主成功吸引了大量用户关注。这些用户被引流到直播间，在直播过程中，该博主集中进行课程销售，实现了高效的销售转化。在一次两小时的直播过程中，该博主成功卖出了价值20多万元的课程。

总结她取得成功的原因，主要有以下3个关键点。

1.专业背景与影响力积累

该博主拥有多年的企业咨询和培训经验，具备深厚的专业知识和演讲功底。她的内容选题和表现力都相当出色，能够吸引用户的关注并受到用户的信任。此外，她的IP在此前就已深入人心，这为她的克隆数字人成功奠定了坚实的基础。

2.矩阵"打法"与内容输出

该博主采用了矩阵"打法"，批量创建账号并发布内容。这种"打法"能够快速触达更多用户，提高了曝光率和影响力。同时，她结合DeepSeek和克隆数字人技术，大大降低了成本，提高了生产效率。

3.完整的产品金字塔结构

该博主推出了多种课程，满足不同用户的需求。她的课程定价合理，从低价的录播课到高价的线下课，形成了完整的产品金字塔结构。这些课程能够吸引不同层次的用户，提高了变现能力。

这一案例为知识付费领域的其他从业者提供了宝贵的经验，展示了AI技术在内容创作和商业变现中的巨大潜力。

第 **7** 章

小红书运营
实战案例

7

7.1 DeepSeek赋能小红书运营的不同场景

作为一个在自媒体平台上摸爬滚打了好几年的博主，我在各平台受到众多用户的关注。目前，我开发了与AI相关的一系列全链路的变现产品，并通过AI的辅助，打造了超千万播放量的视频。接下来，我将跟大家分享，我是如何在各种场景中使用DeepSeek来运营小红书的。

7.1.1 用DeepSeek生成赛道定位和产品体系建议

首先是确定运营小红书最重要的板块之一——小红书"赛道"定位和产品体系。方向定好了，后面的路才会越走越顺。那么，如何找到适合自己的"赛道"呢？这就需要我们对小红书的热门"赛道"有一个清晰的认识。

虽然我已经做过超过10条"赛道"的相关内容，但我也不敢说对各条"赛道"的认知都是清晰的。由于随着趋势变化和平台规则、算法的调整，许多认知和数据也需要不断更新迭代，因此，我会利用DeepSeek，尤其是打开它的联网搜索功能，去获取和分析最新的内容。

我通常会用它搜索一些关键词，比如 小红书热门赛道有哪些 小红书用户需求有哪些 等，然后它会给我一些相关的数据和分析报告。针对这些报告中我关心的点，我会追问 帮我分析下知识与技能分享赛道，小红书用户需求 ，如图7-1所示。逐渐地，我可以了解到哪些"赛道"是目前小红书上比较热门的，哪些"赛道"的用户需求比较大。此外，我还能用DeepSeek从不同的角度进行"赛道"分析。

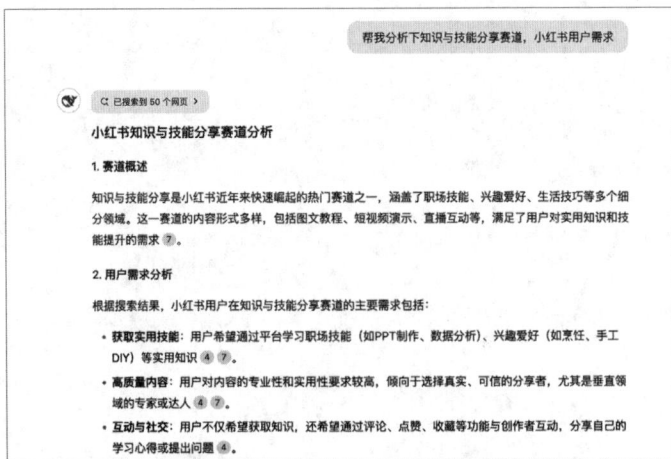

图7-1

在了解了热门"赛道"之后，我会结合自己的兴趣和优势，找到适合自己的"赛道"。例如，我对AI技术比较感兴趣，也有一定的研究，因此我可以定位在"AI技术分享"这条"赛道"上。这样，我不仅可以发挥自己的优势，还能满足用户的需求。

如果说定好"赛道"能让流量之路顺利很多，那么设计好产品体系才能打通变现链路。因此，我经常和DeepSeek探讨的另一个话题是关于产品体系设计的。好的产品体系并不简单，它应该具备多元性和层次感，同时要满足用户的最大需求。

根据对"AI技术分享"这条"赛道"的定位，我使用DeepSeek设计了一系列产品，其中就包含与AI相关的课程，这些课程既有基础的，也有进阶的，可以满足不同用户的需求，如图7-2所示。在众多不同的主题中，我选择了"AI+短视频"的教学方向，这是因为在与DeepSeek深入探讨后，我发现这个方向能够覆盖更广泛的人群，技术成熟度较高，交付相对轻松，容易形成正向口碑。

图7-2

相信你也能像我一样，使用DeepSeek成功找到适合自己的"赛道"，并设计出自己的产品体系。

7.1.2 用DeepSeek生成视频口播文案

在小红书这个平台上，如果你能掌握视频口播文案的创作奥秘，那起号对你来说难度会大大降低。因此，从2025年春节起，我连发了30条与DeepSeek相关的内容，出了7条拥有500万以上播放量的视频，其中一条更是达到了千万播放量。而这背后，就有DeepSeek的帮助。接下来，我将分享用DeepSeek写视频口播文案的方法。

1.明确定位

在写文案之前，一定要明确目标受众是谁。小红书的用户群体以新锐白领为主，女性居多。如果我只讲AI技术，会发现目标受众不太匹配小红书用户群体。后来我发现，女性用户其实非常喜欢表达，也非常热衷于通过自媒体赚钱。因此，我找到了一个接近她们的机会，那就是把AI和短视频结合起来。

除了基础的技巧之外，在DeepSeek的对话框中，我经常会额外输入一些关键信息，比如视频主题、目标受众、希望传达的核心内容等（如「我是科技博主，大黄AI黑科技，我的定位是AI+短视频，我有一门代表作叫作AI短视频黄金七步法，我的目标受众是新锐白领和创业者」）。在这个基础上，我让DeepSeek更加了解我的定位和规划，使其能生成更加匹配我的需求的内容。

2.生成初稿文案

输入主题关键词之后，DeepSeek会在几秒钟之内生成一篇初稿文案。生成的文案会包含视频的开头、中间和结尾部分，每个部分都有详细的内容和表达方式，如图7-3所示。

DeepSeek生成的表述其实正是专业MCN团队的文案表述，即开头需要有吸睛的任务，中间要实现递进或反转的结构以留住用户，结尾则需要引发用户的互动或转化动作。这样，主体内容确定后，整个方向就不会偏离太多。

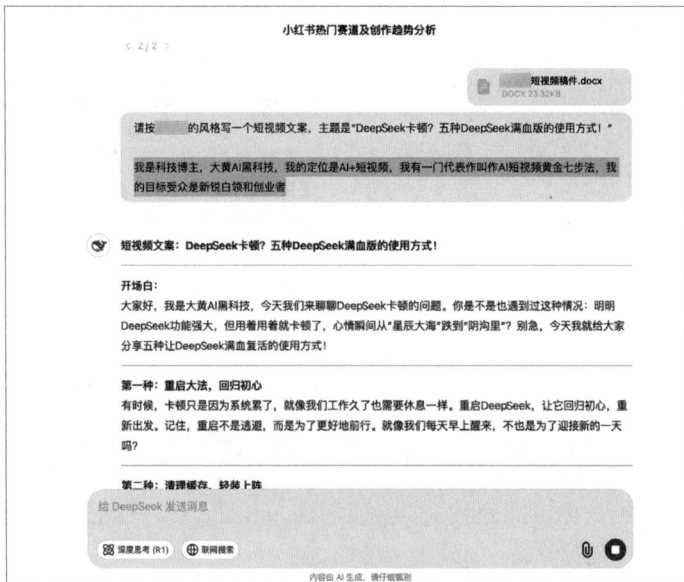

图7-3

3.优化文案

刚开始，我发现生成的初稿文案可能并不完全符合我的要求，总觉得缺了点什么。想了半天终于发现，原来缺的是"语气感"。于是，我会根据小红书用户的喜好，对文案的内容和表达方式进行修改。例如，输入「请让语言更加口语化、生动有趣，增加一些互动环节，让用户在观看视频时有参与感」。这样可以使DeepSeek生成的文案，就像与朋友交流时一样自然，更容易打动用户，如图7-4所示。

后来我发现，小红书的用户偏好轻松、幽默且亲切的语言风格。因此，我让 DeepSeek在文案中适当加入了一些网络流行语，使其更贴近用户的日常生活。例如，输入「请在文案中加入"宝子们""冲鸭"等词汇，让用户感到亲切和有趣」，这样一来，生成的文案质量得到了进一步提升，如图7-5所示。

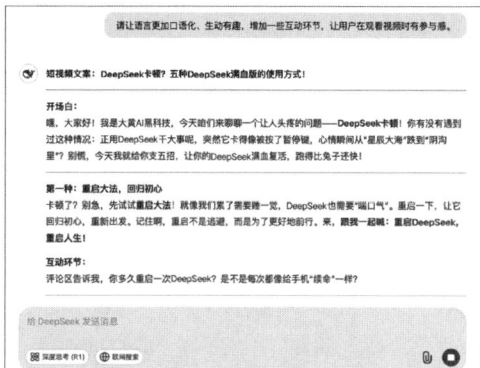
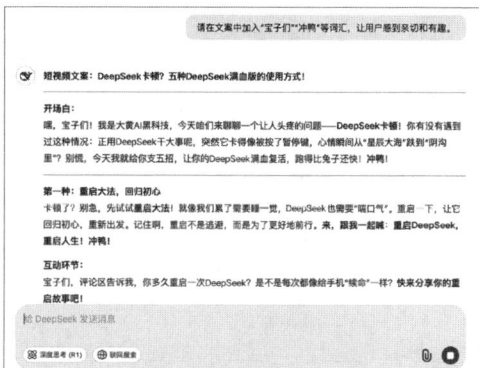

图7-4   图7-5

再往后，我发现文案在格式上仍有优化的空间，因为小红书的用户偏好简洁明了、条理清晰的内容。因此，我会让DeepSeek在文案中使用标题、列表等形式，使内容更加清晰易懂。如果在每个标题前再加入一个表情符号，效果会更好。于是，我会告诉DeepSeek「在描述AI使用方法时，请明确地使用第一步、第二步、第三步等标题，让用户一目了然，并在每个标题前加入一个表情符号」。

通过不断优化，我们的文稿从最初的30分逐步提升到了90分。大家千万不要怕麻烦，因为DeepSeek确实非常"听话"，让它学会写视频口播文案比我们自己学会写视频口播文案要容易得多。这就是我制作"千万播放量的视频口播文案"的秘诀。

7.1.3 用DeepSeek复盘小红书平台数据

在小红书这个竞争激烈的平台上，做好平台数据复盘是提升账号运营效果的关键。下面，我将以我的账号"大黄AI黑科技"为例，和大家分享如何利用DeepSeek辅助进行小红书的平台数据复盘。

1.全面收集数据

要做好平台数据复盘，就需要全面收集数据。我会从小红书后台下载各类数据，包括用户互动数据和内容传播数据等。这些数据如同宝藏，蕴含着用户对内容的偏好以及对产品的兴趣点等信息。在小红书平台上，后台的"数据看板"功能就能帮助我们很好地了解到账号目前的数据情况。在下载数据时，我会特别关注数据的完整性和准确性，以确保获取的数据真实且具有实用价值，如图7-6所示。

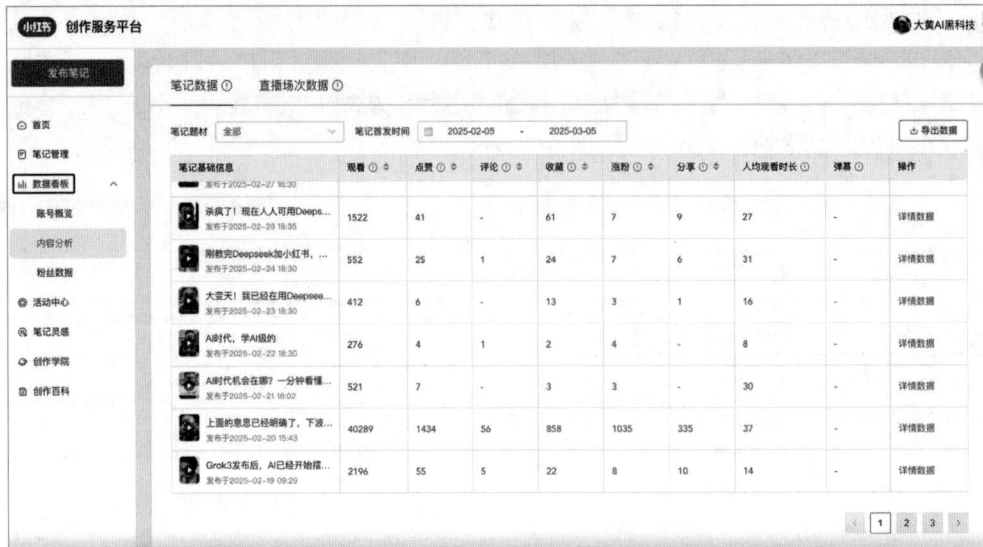

图7-6

2.利用DeepSeek分析数据

学会利用DeepSeek分析数据，就能快速找出内容创作和运营中的问题与机会。

拿到数据后，我会单击DeepSeek对话框右下角的回形针图标 🔗 上传数据，借助DeepSeek来分析数据。在分析数据之前，我们需要先明确分析目标，如找出用户互动高的内容特点或分析内容传播的路径等。明确分析目标后，我会在DeepSeek中输入相关指令，让DeepSeek辅助分析数据。例如，你可以输入「帮我分析5秒完播率高的视频有哪些共同规律」。

DeepSeek的分析功能非常强大，能够快速发现数据中的规律和趋势。无论是分析用户互动数据、完播率、跳出率还是平均观看时长，它都能在短短几秒内完成分析，效率堪比一位经验丰富的运营人员的效率。通过这些分析，我可以清晰地了解用户喜欢什么类型的内容，不喜欢什么类型的内容。这样一来，在创作内容时，我就能更有针对性地创作符合用户偏好的内容，如图7-7所示。

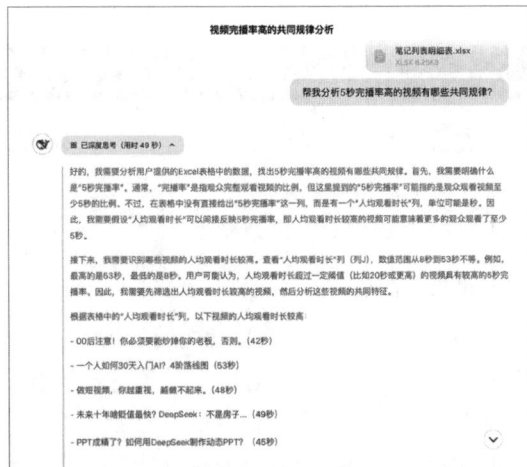

图7-7

3.关注异常数据

在分析数据的过程中,我会特别关注异常数据。例如,如果某篇内容的互动率明显偏低,我会深入分析造成该情况的原因,可能是内容本身存在问题,或者发布时间不合适等。同时,我也会重点研究那些互动率高的内容,总结它们的共同特点,并尝试将这些共同特点应用到其他内容的创作中。通过这样的分析,我能够精准定位内容创作和运营中的问题与机会,从而不断优化账号的表现。

4.获取实时建议

我会实时让DeepSeek提供建议,毕竟多一个"参谋",就多一个用户视角,我们的内容方向也会更加精准,不容易偏离用户的需求。

7.1.4 用DeepSeek制作课程和图书内容

在小红书这个平台上,大部分博主创作内容不仅是为了分享,还会考虑变现。下面,我将以我的账号"大黄AI黑科技"为例,讲解如何利用DeepSeek辅助制作课程和图书内容。

1.课程设计

01 确定主题。课程设计的第一步是确定一个有市场需求的主题。我会借助DeepSeek分析小红书上的热门话题和用户需求。

例如,我发现许多用户对AI技术感兴趣,但又觉得学习AI技术的门槛较高。于是,我决定设计一门名为"AI短视频黄金七步法"的课程,帮助这些用户快速掌握AI短视频的制作技巧。

02 生成大纲。确定了主题后,我会利用DeepSeek来规划课程内容,我会输入课程主题,让DeepSeek生成一个详细的课程大纲。这个大纲通常包括课程每个章节的重点内容。

例如,针对"AI短视频黄金七步法"这门课程,DeepSeek生成的大纲可能涵盖AI短视频的基础概念、制作工具、拍摄技巧、剪辑技巧以及发布策略等,如图7-8所示。

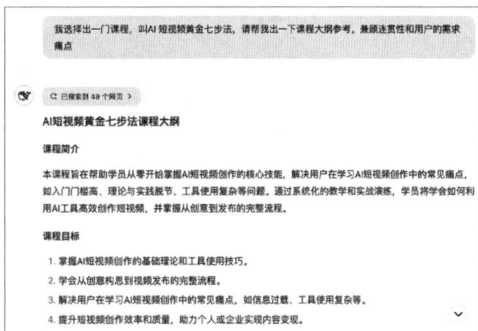

图7-8

03 设计结构。有了课程大纲后,我会进一步设计课程的结构。我会综合考虑课程的时长、每个章节的难度以及互动环节的设置。

例如，我会将课程设计为7章，每章教学时长约1小时，难度由浅入深，并在每章末尾设置一个小测试，帮助用户巩固所学知识。

04 选择形式。我会根据课程内容和目标用户的需求，选择合适的课程形式。

例如，对于"AI短视频黄金七步法"这门课程，我选择了视频课程的形式，因为视频能够更直观地展示AI短视频的制作过程。同时，我也会在课程中补充一些图文手册，帮助用户更好地理解和掌握课程内容。

05 创作内容。在完成课程结构和形式的设计和选择后，我将进入创作内容的阶段。我会再次借助DeepSeek撰写课程的详细讲解文案。对于"AI短视频黄金七步法"这门课程，我会按照DeepSeek之前生成的大纲，逐步让DeepSeek生成每个章节的详细内容。

例如，在"第一章：AI短视频创作基础与工具扫盲"中的"第一节：什么是AI短视频？AI短视频创作中国的应用场景"中，DeepSeek会生成"AI短视频的定义与核心价值""AI在短视频创作中的六大应用场景""AI短视频的行业趋势与用户红利"3部分内容，并且在每个部分，通过定义、表格等多种形式，让内容更加生动、易懂，如图7-9所示。

图7-9

06 内容优化。DeepSeek生成课程内容初稿后，我将进入内容优化阶段。

例如，我会将生成的内容输入DeepSeek，让它对文字进行润色，使语言表达更加流畅自然、通俗易懂，符合目标用户的理解水平，DeepSeek会将一些过于专业或晦涩的术语替换为更简单易懂的词语或表达方式。此外，我还会邀请一些测试用户提前观看课程内容，收集他们的反馈意见。根据这些反馈意见，我将再次利用DeepSeek对课程内容进行有针对性的优化。例如，增加测试用户普遍认为需要进一步解释的内容，或者调整课程中某些环节的顺序，以提升课程的整体质量和学习效果。

随着课程的快速完善，原本需要1个月才能完成的课程，我在1周左右就全部完成了。这样一来，我有了更多时间去设计更加独特的体验和服务，例如帮助用户进行定位的AI智能体等。此外，我还联合AI行业的前沿团队，为用户开发了更适用于口播场景的AI智能体。当基础课程的制作时间被大幅缩短后，我们才能将更多精力投入独家产品设计和服务优化中。

2.图书创作

01 确定主题。和课程设计类似，图书创作的第一步同样是确定主题。我会利用DeepSeek分析小红书上的热门话题和用户需求。

例如，我发现许多用户对AI技术在小红书上的应用非常感兴趣，于是我决定撰写一本名为《DeepSeek小红书运营一本通》的图书。

02 生成大纲。确定了主题后，我会借助DeepSeek来规划图书内容。我会输入图书主题，让DeepSeek生成一个详细的大纲。这个大纲通常包括图书的各个章节以及每个章节的重点内容。

例如，针对本书，DeepSeek生成的大纲可能涵盖DeepSeek的基础功能、在小红书上的应用技巧以及案例分析等内容。

03 确定风格。我会根据图书内容和目标读者，确定图书的风格。

例如，对于本书，我选择了通俗易懂、生动有趣的风格，因为这本书的目标读者是普通大众，我希望他们能在轻松愉快的阅读过程中，深入了解DeepSeek在小红书上的应用技巧。

04 创作内容。确定了图书大纲和风格之后，我就可以利用DeepSeek开始正式创作图书内容初稿了。

例如，针对本书，我在DeepSeek的对话框中输入「帮我详细写一下"DeepSeek核心功能解析"部分的内容，要求字数1500字」。

05 内容优化。DeepSeek生成图书内容初稿后，我将对其进行优化。

例如，我会将DeepSeek生成的内容再次输入DeepSeek，让它对文字进行润色，使语言表达更加流畅、生动，符合图书的整体风格。之后让DeepSeek在每个章节中加入一些实际案例，帮助读者更直观地理解DeepSeek在小红书上的应用技巧。此外，我还会让DeepSeek对一些复杂的句子结构进行调整，使句子更加简洁明了、易于理解。

7.2 商家用DeepSeek做小红书引流

我发现目前最普遍的需求之一是本地生活类门店希望通过自媒体为线下引流，而小红书正是其中的重要阵地。有时，一条爆款笔记就能为线下门店带来近一个月的流量激增。尤其是最近两三年，我借助DeepSeek和其他AI工具，开发了与AI相关的课程等全链路变现产品，并通过AI的辅助，成功打造了多条百万播放量甚至千万播放量的视频。作为全网深度应用DeepSeek的博主之一，下面我就和大家分享一下商家是如何使用DeepSeek做小红书引流的。

7.2.1 用DeepSeek辅助生成门店名和Logo

在本小节，我将介绍如何用DeepSeek为我的客户"某线下养生门店"设计门店名和Logo。

1.用DeepSeek生成门店名

门店名和Logo是门店的门面，也是顾客对门店的第一印象。一个有吸引力的门店名和Logo，不仅能提升门店的辨识度，还能让顾客更容易记住你。当顾客需要相关服务时，他们会主动想到并找到你，这对门店的长期发展至关重要，接下来，我将介绍用DeepSeek生成门店名的具体做法。

01 明确目标。在为"某线下养生门店"设计门店名时，我首先明确了设计目标。门店名需要体现专业、健康和养生的特点，同时还要具备吸引力，能够吸引顾客的注意。

02 生成门店名。我在DeepSeek中输入了相关的关键词，如"养生""健康""专业"等，DeepSeek很快生成了一些门店名。

03 优化内容。DeepSeek生成的门店名都较好地体现了门店的定位和特点，但我认为还有优化空间。于是我继续与DeepSeek互动，尝试不同的关键词组合，看看能否生成更具创意的门店名。经过几次调整和优化，我们最终确定了"绿源养生阁"这个门店名。"绿源"传递了健康与自然的理念，而"养生阁"则给人一种专业且值得信赖的感觉。

2.用DeepSeek辅助生成门店Logo

接下来，我需要为"绿源养生阁"设计一个符合门店定位的Logo。我先明确了设计元素，包括颜色、字体和图形等，目标是让Logo传递出健康、养生和专业的感觉。

01 制定方案。我将这些设计元素输入DeepSeek，让它帮助生成Logo设计方案。DeepSeek提供了多种选择，包括不同的颜色搭配、字体风格和图形样式。我仔细查看了每个方案，并从中挑选了几个较为满意的方案。

02 优化方案。在选出的方案中，我最终确定了一个以绿色为主色调，搭配简洁字体和自然元素图形的方案。这一方案很好地契合了"绿源养生阁"的品牌定位和特点。随后，我对这个方案进行了进一步优化，调整了颜色的饱和度和对比度，使其更加醒目且富有吸引力。

03 生成Logo。这里需要用到LibLibAI，在LibLibAI中可以找到与Logo设计相关的模型，选择一个符合我们的Logo的风格的模型，然后将提示词输入进去。通过DeepSeek和LibLibAI的协同工作，我最终得到了一个既符合门店定位又极具吸引力的Logo，如图7-10所示。

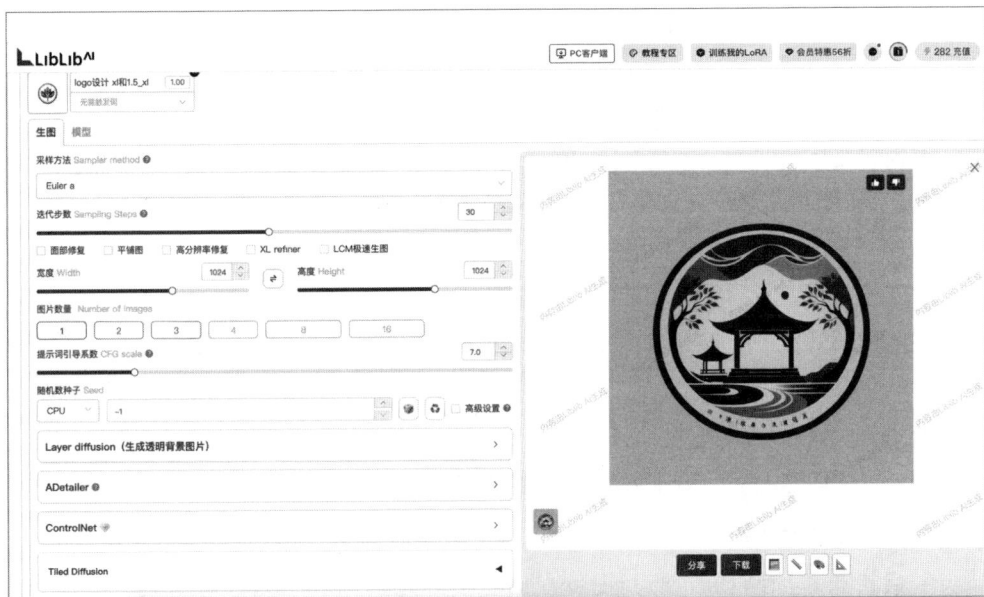

图7-10

新的门店名和Logo设计完成后，店主非常满意，并迅速将其应用到门店的招牌、宣传册以及社交媒体账号上。顾客们对新设计的反响也非常积极，纷纷表示门店看起来更加专业且富有吸引力。与此同时，门店的客流量也有了显著提升。这为后续的门店引流工作开了一个好头。

7.2.2 用DeepSeek做活动策划和事件营销

对线下门店来说，活动策划和事件营销是吸引顾客关注、提升品牌知名度的有效手段。下面，我将通过一个曾经服务过的养生门店的营销案例，具体说明如何利用DeepSeek完成这一环节。

1.用DeepSeek进行活动策划

在我服务这家养生门店之前，他们通过精准的健康讲座和健康咨询活动，已经吸引了不少精准顾客。这类活动不仅能有效增加新顾客的进店量，还能提升老顾客的黏性，让他们更加喜爱门店，从而提高复购率、满意度和忠诚度。此外，活动中推出的各种优惠套餐还能直接促成销售转化。

然而，过去策划活动往往依赖"拍脑袋"决策，缺乏科学依据。直到我学会了用DeepSeek分析本地用户需求的方法，情况才得以改变。

我在DeepSeek中输入「分析杭州本地小红书和大众点评的数据，提取30～45岁女性在夏季的养生相关搜索词，并按关联症状排序」，系统标记出"头皮出油""大便黏马桶""睡不醒"三大高频词，DeepSeek随即指出：这是典型的湿热体质症状，但市面上80%的养生门店仍在推广"艾灸"这类通用套餐。

根据湿热体质的专业报告，我在DeepSeek中输入「将中医"湿热蕴结"概念转化为消费者能直观感知的体验，需包含痛点场景化、效果可视化、传播符号化」。几秒钟后，它生成了以下这个令人拍案叫绝的活动策划方案。

（1）痛点场景化——让病症"有代入感"

生活化场景还原：如还原夏季空调房内因皮肤油腻而出现的"黏腻感"，梅雨季关节酸胀带来的"沉重感"，口苦、口臭及其他私密不适的"异味隐喻"等生活化场景。

情绪痛点放大：利用职场社死、约会灾难、健康焦虑几个情绪痛点设计漫画分镜。

（2）效果可视化——构建祛湿热的"进度条"

生理指标具象转化：通过舌苔变色实验、尿液检测体系具象化展示湿热特征。

生活状态对比剧场：如设计"湿热体质者起床眼屎粘连vs调理后起床双目清明""湿热体质者跑2公里后汗如浆涌vs代谢正常者跑2公里后清爽微汗"等生活状态对比剧场。

（3）传播符号化——打造文化IP记忆点

打造IP：设计水滴形IP"湿宝"，设定为蓝色黏液怪（病症化身），并随调理进度变化逐渐褪色、透明化。

制造话题：发起#甩湿宝行动#相关话题，让用户上传调理前后对比照生成"黏液消退百分比"战绩海报。

DeepSeek建议将原本398元的经络疏通套餐拆解为"检测—清洁—养护"3步沉浸式体验。顾客体验后，当场使用检测仪测量手部导电率（数值越高代表湿气越重），再配合员工的专业话术。

结合这一创意继续深化，让DeepSeek设计裂变传播方案。DeepSeek针对传播机制给出了以下3条建议。

打卡奖励： 连续3天发布调理日记并@门店账号，赠送价值198元的头部刮痧服务。

社群拼团： 3人成团可解锁"经络检测仪永久使用权"（实际成本为24元/组）。

悬念营销： 每天18点在小红书公布"当日湿气排行榜"，湿气值最高者可获得免费调理服务。

我将这个策划方案提交给了这家养生门店。绝大部分内容得到了执行，最终这场为期28天的活动取得了显著成效：327人参与检测（耗材成本仅2616元），小红书话题#身体大扫除#自然曝光46万次，储值卡办理量同比提升230%，客单价从198元跃升至860元。

这场战役验证了一个真理，那就是"顾客不为专业买单，只为感知付费"。活动结束后，养生门店老板感慨道："原来我们以前不是输给竞争对手，而是输给了顾客3秒划走的耐心。"

现在，我的活动策划流程已经完全AI化，每月通过DeepSeek扫描"城市+节气+养生"组合词，确保活动策划真正满足顾客需求，并将专业内容转化为顾客易于理解的语言。

随着活动越来越多，DeepSeek已经帮这家门店建立了一套独特的顾客沟通话术体系，并渗透到门店服务的各个细节。此外，通过日常活动，我们确保了与铁粉之间的有效连接，同时持续裂变新顾客，让门店能够精准获客、高效运转。然而，真正让我们实现破圈和飞跃的，还得是事件营销。

2.用DeepSeek进行事件营销

什么是事件营销？简单来说，就是"借势"。它指的是利用特定的事件或热点话题进行营销推广。这些事件可以是社会热点、节日庆典、体育赛事等。例如，某咖啡品牌与某白酒品牌联名推出"酱香拿铁"，或者某运动服饰品牌的"破产式捐款"，都是典型的事件营销案例。

然而，过去我服务的这家养生门店总是"蹭不上热点"，直到我发现DeepSeek的"24小时监测模式"——每天早晨通过输入指令 实时抓取小红书/抖音健康类热榜，提取与节气、养生、亚健康相关话题，按讨论量排序 来获取最新的热点。

3月8日，系统突然弹出一条异常数据——#春困自救指南#话题在24小时内互动量暴涨200%，我立刻让DeepSeek分析原因。原来此时倒春寒特别严重，北上广的白领普遍出现肝火旺盛的症状，而传统养生门店推广的套餐，并不能有效缓解这一症状。

这时，我运用了一个关键技巧，那就是在DeepSeek中输入 将"春困"痛点转化为中医养生解决方案，需包含：症状描述、专业背书、体验场景 。DeepSeek瞬间生成了20组关键词，最终我们锁定了"肝经疏通+艾灸祛湿"组合套餐，并提炼出杀手级话术"春困不是懒，是肝在喊救命"。

DeepSeek建议将服务流程设计成"中医把脉诊断—可视化经络检测—调理效果对比"3部曲。顾客在体验结束后,当场就能通过检测仪看到肝经疏通前后的数据变化。

根据DeepSeek输出的"养生热点内容模板",我们策划了以下3个传播期。

预热期:让技师穿着印有"把春天装进身体"字样的汉服工作服,拍摄"肝经穴位按摩教学"短视频,借助#春困自救指南#话题的流量池进行传播。

爆发期:设计"调理效果对比卡",顾客完成项目后可领取3张免费体验券,转发测评视频到小红书还能额外获得1次肩颈护理。

长尾期:利用DeepSeek生成《春季养肝食谱手册》,扫描二维码领取该手册的条件是在小红书上发布打卡视频并带话题#春困自救指南#。

这场活动为我们带来了显著成效,单日到店新客87组(平时不足20组),小红书相关笔记超过200篇,自然流量曝光"13万+",38元体验套餐成功转化68%的顾客升级千元会员卡。

现在,我服务的这家养生门店每周都会通过DeepSeek监测"区域+养生"关键词。例如,如果春天即将来临,"梅雨季祛湿大战"就是捕捉到杭州人热议"体内湿气检测仪"的热度。要记住,实体门店做事件营销,追求速度比追求完美重要100倍。

7.2.3 用DeepSeek为店铺引流

使用DeepSeek为店铺引流的效果非常显著。在为我服务的这家养生门店进行引流时,我深刻体会到了这一点。通过分享真实的打卡探店故事笔记,可以让顾客感受到门店的真实性和专业性,从而提高对门店的信任度和好感度。这些真实的故事笔记能够引发顾客的共鸣,让他们更愿意主动了解和选择门店。

1.用DeepSeek生成打卡探店故事笔记

在生成打卡探店故事笔记时,模仿顾客的第一人称视角至关重要。这样可以让读者感受到故事的真实性和亲切感,仿佛他们亲身经历了这些故事。我利用DeepSeek生成的打卡探店故事笔记,都是以顾客的第一人称视角来讲述的,让读者能够更好地代入情境并产生共鸣。

我输入了相关的关键词,如"养生门店""探店""打卡""第一视角""故事"等,DeepSeek很快生成了一些引人入胜的打卡探店故事笔记。这些笔记以顾客的第一人称视角,生动地描述了他们在门店的体验,从进门瞬间被环境吸引,到接受专业服务后的身心舒畅,整个过程充满了细节和情感,如图7-11所示。

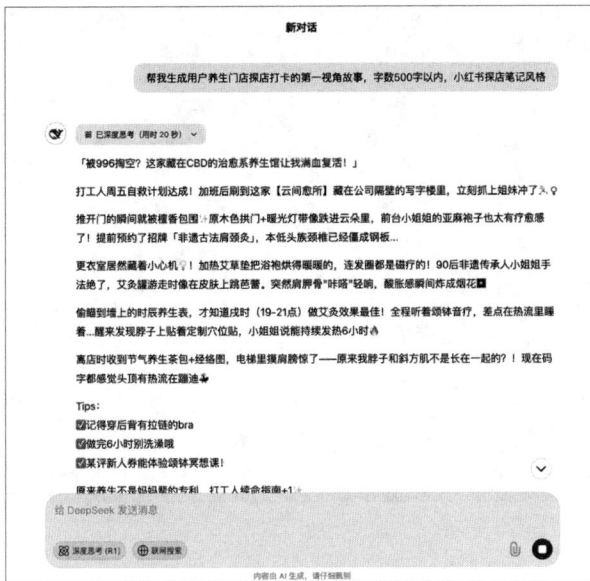

图7-11

在生成这些吸引人的打卡探店故事笔记后，我将它们发布在小红书上，并配上门店的实景图片。评论区还结合门店的实际情况，开展了一系列推广活动。我利用小红书的标签功能，为笔记添加了"养生探店""健康生活"等标签，进一步提升了笔记的曝光度。

在打造了一些基础案例后，我还邀请了几位小红书上的知名博主进行探店合作，让他们到门店体验并分享真实感受。这一举措进一步扩大了门店的影响力，吸引了更多潜在顾客的关注。

2.用DeepSeek和即创AI剪辑探店视频

除了真实案例，门店本身也是一个产品素材的宝藏库。因为门店无时无刻不在提供服务，无时无刻不在产生体验产品的场景。有些顾客到店后，在获得其同意的情况下门店可以打开固定的摄像头，将这些素材录制下来。那么，有了这些素材后，应该如何将它们进行剪辑和制作成视频呢？

其实，很多人并不知道，通过DeepSeek和即创AI，可以快速剪辑出大量视频。这些视频不仅能起到引流和曝光的作用，而且胜在数量多，总能出现一个爆款。

即创AI是字节跳动旗下的一款一站式智能创意生产与管理平台，旨在帮助用户高效、便捷地进行创意内容的生成、管理和分析，如图7-12所示。该平台利用先进的人工智能技术，为创作者提供全方位的内容创作支持，尤其适合需要在抖音等短视频平台上推广商品和服务的用户使用。

图7-12

　　即创AI的混剪功能非常强大,用户可以一次性上传多个素材,它会自动混剪出6条视频,大大节省了剪辑的人工成本。我将门店的产品图片和视频片段上传到即创AI,选择合适的模板和音乐后,即创AI就能自动生成多条高质量视频。这些视频不仅制作精良,而且风格统一,非常适合用于门店的引流和推广,如图7-13所示。

图7-13

　　在完成产品混剪视频的制作后,我将这些视频发布在小红书上,并结合门店的实际情况,开展了一系列推广活动。对于优质内容,我利用小红书的视频推荐功能,将视频精准推送给可能感兴趣的用户。整个操作下来,引流效果显著,最关键的是,借助DeepSeek和小红书进行引流,成本极低。相比以往操作,这无疑是门店史无前例的福音和机遇。

7.2.4 用DeepSeek打造口碑

线下门店费尽九牛二虎之力都未能实现口碑打造,如今有了DeepSeek,能否帮线下门店打通"任督二脉"呢?

1.用DeepSeek建立好评运营系统

如何依靠使用DeepSeek建立的好评运营系统,让我服务的这家养生门店在大众点评杭州养生热榜上连续7个月稳居前三?下面,我将具体拆解如何用AI将"被动等好评"转变为"精准造口碑"。

先来分析一下为什么说线下门店95%的利润都藏在"好评"里。2023年,我们做过数据对比,带有5条好评的新客的办卡率比普通顾客的办卡率高出3.8倍。然而,过去我们总是用"送小礼品"的方式换取好评,结果要么被平台判定为刷评,要么出现"技师很好,但是……"这类尴尬的内容。

直到我发现DeepSeek的"3段式好评生成术"才有了解决方案,在DeepSeek中输入并发送下列提示词后,DeepSeek生成了符合要求的用户好评内容,如图7-14所示。

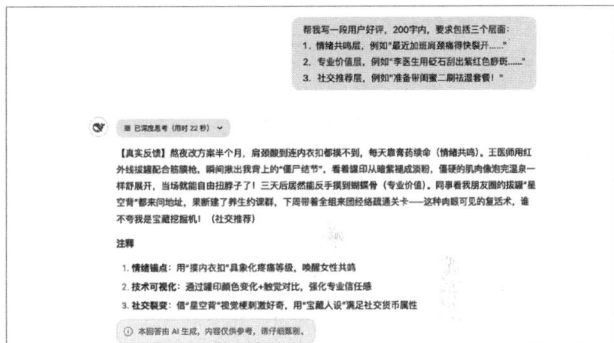

图7-14

这套模板让店铺好评率从31%飙升至67%。那么如何让顾客乐于顺手进行评价呢,我同样请DeepSeek帮助搭建了一条"自来水"好评生产线。根据DeepSeek的建议,在顾客完成项目后,针对不同类型的顾客,使用以下3种场景化的邀评话术。

对价格敏感型:"您今天体验的398元套餐正在参加'最美调理日记'活动,在大众点评上发表评论可抽全年5折卡!"

对效果惊艳型:"刚才检测仪显示您的经络疏通度提升了62%,拍照发小红书并@我们可以免费获得对比图精修服务!"

对社交活跃型:"您的气质很好,您特别适合当我们的'养生体验官',发布3篇笔记就送价值599元的艾灸仪!"

在搭建好上述"自来水"好评生产线后,市场部的工作得以顺利开展,好评率显著上升。然而,随着好评越来越多,新的问题出现了,那就是如何让这些好评更具差异化?我发现,至少还有两个细节可以继续完善。

一是将不同故事亮点进行差异化。

在看完所有顾客故事后,我设计了以下3种差异化好评方向。

结合职场场景: 如"终于理解什么叫'痛则不通',做完项目敲代码手速都快了!"

结合数据对比: 如"检测仪数值从78降到43,李医生说相当于排出2瓶矿泉水的湿气!"

结合情感故事: 如"调理完喝着红枣茶看夕阳,突然找回久违的松弛感。"

二是根据不同平台的特点进行差异化。

小红书: 侧重"调理过程可视化",生成"调理前后舌苔对比+养生茶配方"。

大众点评: 侧重"服务专业度",生成"穴位解析+技师资质展示"。

美团: 侧重"性价比组合",生成"套餐价格对比+增值服务清单"。

经过优化后的这套系统,让店铺在3个月内收获了427条带图好评(其中63条进入平台精选),小红书相关笔记日均增加15篇,自然流量提升230%,以及新客预约时,64%的新客主动提及"看到你们家的调理日记"。

2.用DeepSeek建立口碑预警系统

除了好评运营,我还有另一个重要的DeepSeek应用经验,那就是从差评中挖掘价值,用DeepSeek建立口碑预警系统。

2024年,"三伏贴过敏事件"给我上了惨痛的一课。某顾客在小红书发布"敷药起水泡"的笔记,3天内阅读量突破5万,使门店遭受了重大损失。因此,我非常希望建立一个口碑预警系统,但苦于成本高昂,一直未能实施。如今,通过小红书和DeepSeek,我终于搭建了一个口碑预警系统。

获取评论: 在小红书后台获取笔记的所有评论内容。评论区是所有新旧顾客和潜在顾客畅所欲言的地方。我们将这些评论一键下载或抓取下来。

分析问题: 通过上传文件功能将这些数据上传给DeepSeek,让它学习数据并找出问题的根源。

例如,输入指令「从服务流程、专业能力、沟通话术三个维度,解析该客诉的核心痛点」。以当时的"三伏贴过敏事件"为例,DeepSeek分析指出,80%的差评集中在"未提前告知敷贴可能导致过敏",而非技术本身问题,如图7-15所示。

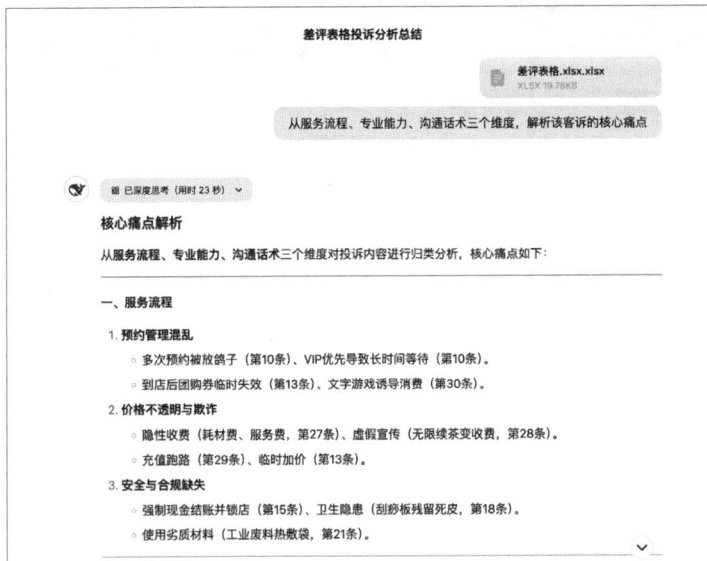

图7-15

制定策略： 找到问题的根源后，解决方案就变得清晰了。我们甚至可以主动出击，扭转舆论。根据与DeepSeek的深入探讨，我们针对3类顾客制定了以下3种策略。

① 针对普通顾客：赠送价值298元的体质检测服务，并附上致歉信模板。

② 针对KOC顾客（关键意见消费者）：邀请他们成为"产品体验官"，并为他们提供年度特权。

③ 针对恶意差评的顾客：让DeepSeek生成平台投诉材料，举报其不当言论，尽量消除不良影响。

通过这套好评与差评的组合"打法"，我服务的这家门店成功赢得了利润的核心来源——口碑。过往许多被忽略的顾客资源和评论信息，借助DeepSeek的高效分析能力，成为门店的制胜"法宝"。

7.3 用DeepSeek为品牌方节省广告费

在工作过程中，我摸索出了一套用DeepSeek高效精准完成市场工作的方法，实现了市场部ROI（投资回报率）从0.8到3.6的逆袭，当然，其中也有一些血泪教训。接下来，我将分享如何用DeepSeek打破"AI企业不盈利"的魔咒，让AI企业实现从"烧钱获客"到"精准收割"的转变。

7.3.1 用DeepSeek做自媒体市场策略优化

人和DeepSeek若同样参与企业经营，人较大的问题在于过于自我，而DeepSeek凭借全网大数据，往往能提供更多元的视角和更大的深度洞察力。后续介绍的所有精准营销，其实都源于精准的洞察。

1.分析困境

我在2024年初接手服务某品牌公司时，他们正陷入以下几个典型困境。

① 市场部每月投入几十万元用于信息流广告，但leads（潜在客户）成本高达千元/个。

② 销售转化率仅为0.7%，客户常问："你们和ChatGPT有什么区别？"

③ 创始人坚信"技术领先就是护城河"，拒绝调整产品定位。

我意识到其中存在重大问题，但后来我发现我的认识并不全面。转折点发生在我用DeepSeek做了一次三维市场扫描后。我在DeepSeek中输入指令「对比2024年Q1全球AI赛道融资分布，分析中国智能体企业的主要认知偏差」。随后，系统输出了以下5个惊人的结论。

① 过度聚焦应用层，忽视基础设施与基础模型研发。中国AI企业更倾向于企业服务、先进制造等应用场景，相关融资占比达38%。尽管有DeepSeek等生成式AI企业崛起，但整体融资规模仅为美国的7%。

② 融资阶段过早，规模化发展受限。中国AI企业融资轮次集中于早期（天使轮和A轮占比超50%），而战略投资和后期融资比例较低。

③ 对生成式AI的投入不足与商业化路径偏差，尽管DeepSeek等企业日活用户突破2000万，但其技术生态和商业化能力仍落后于国际巨头。中国生成式AI融资规模较小，且企业更倾向于垂直场景的短期变现（如客服、营销）。

④ 区域市场依赖性强，全球化布局滞后，中国AI融资活动高度集中于北京、上海、广东等地（占比超60%）。

⑤ 对技术估值与盈利周期的误判。中国投资者更倾向于短期盈利指标，导致企业过早追求商业化落地，忽视长期技术投入。

接着，我在DeepSeek中输入指令「抓取近半年云计算、RPA、低代码平台的用户讨论热词，筛选与AI智能体相关的需求场景」。结果发现，企业客户的真实痛点根本不是目前大模型所代表的"更聪明的问答"，而是智能化流程自动化、跨系统协同和低门槛AI开发三大方向，技术热点则体现为AI与云计算、RPA、低代码的深度融合。所以未来，随着大模型技术的进一步成熟，AI智能体真正的落地场景是深度嵌入企业核心业务流程，推动"无人化运营"。

我再次在DeepSeek输入指令 「帮我分析[该公司]过去6个月的市场费用与成单相关性，排除伪因果因素」，以下显示的结果也同样令人震惊。

① 参加行业峰会获得的47个leads，实际转化率为0%。

② 小红书KOL曝光带来的客户留咨量是百度的5.2倍。

2.调整策略

当然，将这些认知转化为公司的市场策略还需要做大量的内部工作。但如果这是事实，那么调整市场策略只是时间早晚的问题。到2024年底，市场策略最终发生了以下两个重大调整。

① 主攻渠道转变为占领SEO+与垂直领域KOL合作，小红书因其兼具SEO搜索属性和KOL"种草"属性，成为我们的主攻平台。

② C端产品宣告终结。在各种开源免费模型的冲击下，我们不再与底层大模型竞争，而是开辟了一条新路径。

3.找到企业"非买不可"的理由

那么，具体开辟了什么路径？如何找到企业"非买不可"的理由呢？

实际上，这也是传统B端产品最让人痛苦的问题之一，企业通常会同时邀请7～8家服务商竞标，每次都会问"你们的产品和别的产品有什么区别"或者"能不能用3句话说清楚我非买不可的理由"。事实上，这也是绝大部分商家和老板的通病，即他们自己都不知道客户为什么购买，我说的是真实的购买理由。

那么，如何让DeepSeek帮我找到这个差异化的购买理由，并凝结出一句响亮的广告语呢？我用了以下两步来解决这个问题。

（1）挖掘购买理由

购买理由分为3层，分别是功能层、情感层和社会层。

针对功能层，我先在DeepSeek中输入提示词 「列出智能体产品的36种应用场景，按"客户感知价值/实施难度"矩阵排序」。在DeepSeek给出的众多智能体产品的应用场景中，我首先锁定了"跨系统数据搬运"这一高价值、低门槛的场景。

针对情感层，我分析竞品客户访谈记录，输入指令 「提取20个企业决策者在采购AI产品时的隐性焦虑」。结果发现，"害怕被供应商绑定"是最大痛点之一。这让我们思考，我们的产品能否做到开箱即用、用完即走？

针对社会层，我用DeepSeek抓取智能体行业的趋势，看看企业CIO最关注的数字化转型KPI是什么，结果发现是"业务流程自动化覆盖率"这一关键指标。

（2）生成广告语

一旦挖掘了购买理由，我们的问题就迎刃而解。广告语就像破土而出的竹笋，迫不及待地展现出来。我让DeepSeek基于上述购买理由生成广告语，即输入指令「基于以下要素创作广告语：技术特性（无API链接）、情感价值（掌控感）、社会认同（200+企业验证），生成30条」，如图7-16所示。

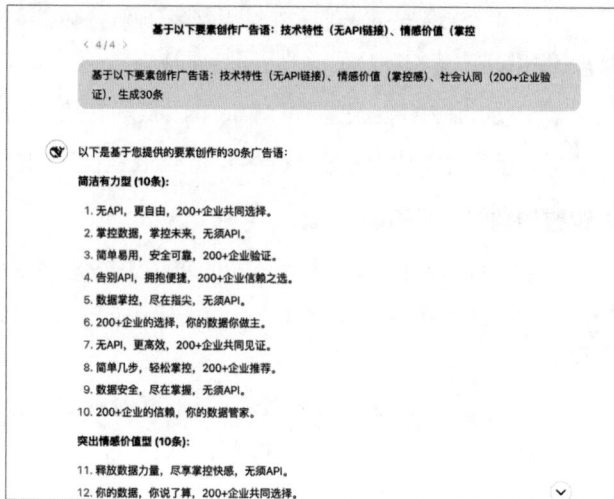

图7-16

在生成的30条结果中，创始人一眼选中了这条广告语："不止问答，链接万物。"

这条广告语一出，整个公司都明显兴奋起来，客户也不再以鄙视的眼光看待销售，而是带着学习的目的来"听课"。2024年底参加投资人会议时，我提到了一句震慑全场的话，那就是"我们不是卖AI技术，而是卖商业连接的确定性"。这句话后来被刻在公司展厅的铜墙上，实际上这句话也是市场部小伙伴用DeepSeek生成的。

一切看似都很顺利，但从执行层面来说，真正的市场工作才刚刚开始。希望我的经验，能帮你少走一些弯路。

7.3.2 用DeepSeek辅助做小红书SEO

7.3.1小节已经提到，对于B端销售场景，SEO的重要性不言而喻。简单来说，SEO就是让用户在搜索时能找到我们。然而，互联网上的内容繁多，我们需要有针对性地输出关键词，才能确保被目标用户搜索到。

2024年，我帮助杭州某公司在小红书打造"AI连接器"关键词矩阵，实现了单月37条B端有效咨询。下面，我将从实战出发，拆解如何用DeepSeek将"企业级产品"精准塞进小红书用户的搜索框。

1.B端企业为何要"死磕"小红书SEO

实际上，2023年该公司市场部找到我时，他们正陷入以下3个困境。

① 在B站发布"技术解析"视频，播放量不超过500。

② 信息流广告的获客成本突破2000元/条。

③ 销售抱怨"咨询客户全是个人开发者，根本不是目标群体"。

我参与项目后，很快确定了以百度和小红书为核心的搜索策略。尤其是小红书，作为一个正在崛起的新一代超级搜索引擎，潜力巨大。那么，如何找到热门搜索词呢？

2.如何找到热门搜索词

围绕我们的核心词"AI连接器"，我们划分了以下3个核心搜索层面。

① 品类认知：用户的需求源于无法跨平台搬运数据，因此一级词围绕品类认知展开。我们找到的第一个核心词是"数据迁移工具"。

② 场景需求：用户在什么场景下需要数据迁移工具？是电商、跨境还是国央企？于是，我们衍生出一批核心词，例如"电商库存同步方案"。

③ 购买决策：在最接近下单购买的层面，用户开始比较几家竞品，这时他们会搜索"ERP对接用哪个工具好"。

通过这套模型，我们横向拓展，让DeepSeek帮助寻找类似词语。例如，我在DeepSeek中输入并发送「围绕用户跨平台数据链接的需求，生成一批SEO关键词，例如：数据迁移工具」，DeepSeek就能快速帮我找到同类SEO关键词。短短半天，我们就找到了247个高价值长尾关键词，例如"云端数据迁移服务""多平台数据合并工具"等，如图7-17所示。

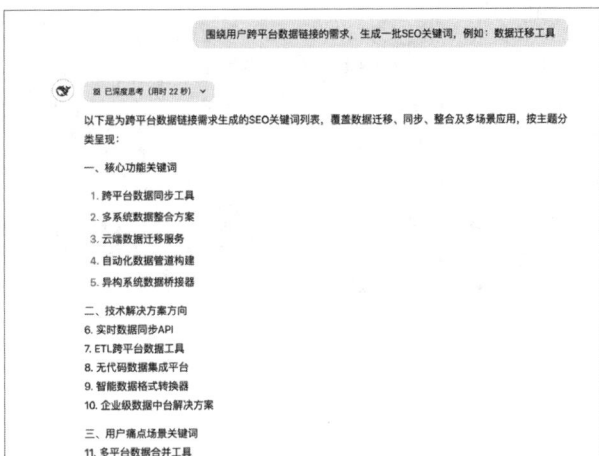

图7-17

3.工业化内容流水线：DeepSeek+剪映

在小红书上做SEO需要大量的内容支持，因为只有通过持续的内容输出，才能覆盖更多关键词，提升搜索排名。传统SEO的最大痛点之一在于内容产能——该公司市场部的3人团队，每月最多只能生产20条视频。而"DeepSeek+剪映"的"工业化内容流水线"彻底改变了游戏规则。

我研发了一套利用DeepSeek和剪映一键成片的方法，快速制作了大量关键词优化的视频内容，具体操作步骤如下。

01 文案生成：我先用DeepSeek生成与关键词相关的文案。例如，针对"AI降本增效"

这个关键词，我让DeepSeek生成了一系列口播文案，包括「如何利用AI技术降本增效」「AI在企业运营中的应用」等。

02 视频制作：将生成的文案导入剪映，利用剪映快速生成视频。这个功能可以根据文案自动匹配合适的画面和音效，大幅提升视频制作效率，如图7-18所示。

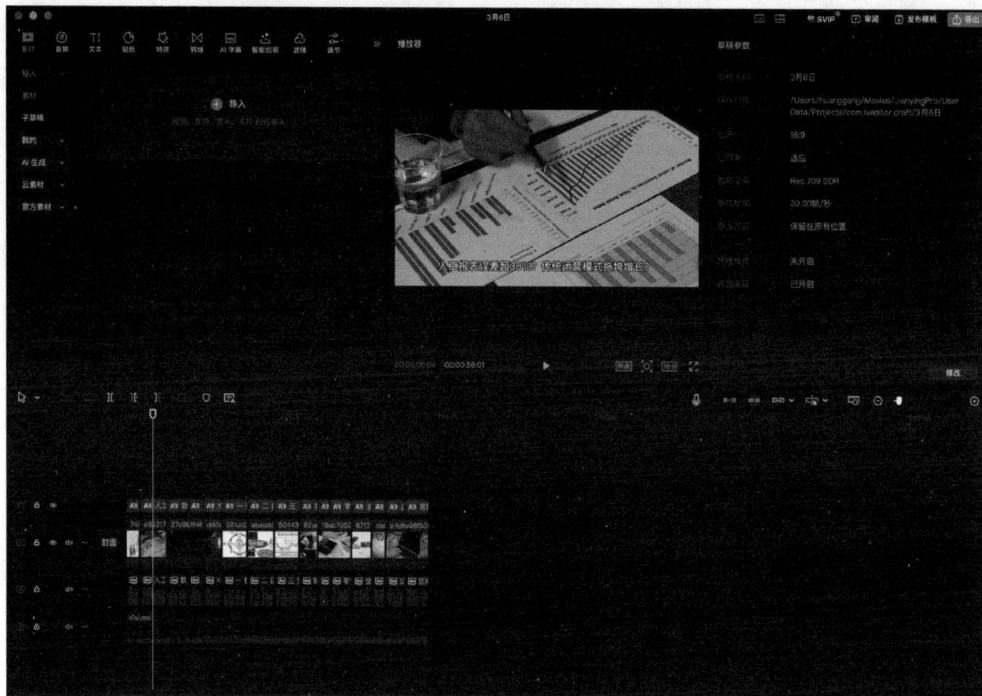

图7-18

03 关键词优化：在视频的标题、描述和标签中，合理融入关键词。例如，标题可以写成"AI降本增效：企业运营的新选择"，描述中可以详细阐述AI技术如何帮助企业降本增效，标签则可以使用"AI技术""降本增效"等。

04 发布与优化：将制作好的视频发布到小红书上，并根据数据反馈进行优化。如果发现某条视频的播放量和互动率较低，可以调整文案和画面，重新发布。

4.优化细节提升SEO效果

在拥有了强大的内容输出能力后，我又做了以下3个优化细节的操作。

01 关键词堆叠：原来一条视频的标题只能覆盖一个关键词，现在我让DeepSeek帮我生成能够覆盖2~3个关键词的标题，如图7-19所示。

02 评论区"埋雷"。我用DeepSeek批量生成小红书评论，在每个SEO视频评论区进行"种草"。例如，我在DeepSeek中输入「针对标题"财务人亲测！ERP与OA系统无缝对接的5个神操作#ERP系统对接#零代码对接方案#企业数字化转型"的小红书图文输出置顶评论」，DeepSeek很快就生成了我们需要的小红书评论，如图7-20所示。

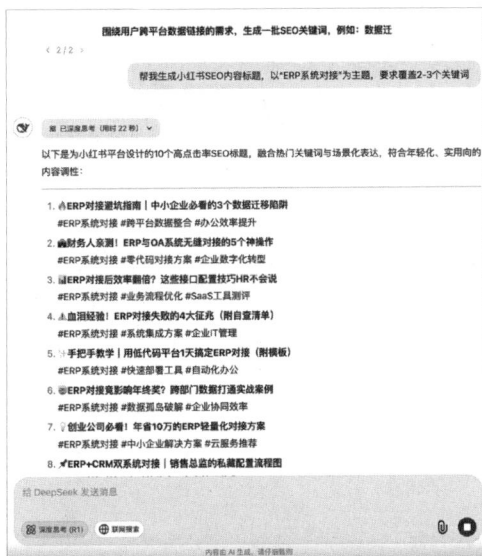

图7-19

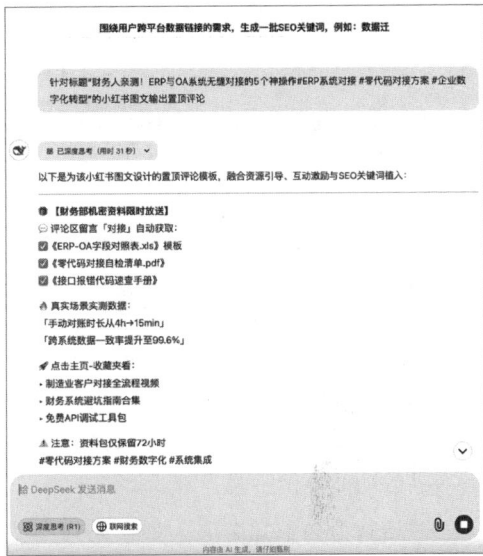

图7-20

03 建立跨账号的关键词库。可以利用DeepSeek策划多个不同类型的账号，并在账号上进行分发，建立跨账号的关键词库。

通过这种方式，我不仅快速制作了大量高质量的视频内容，还成功抢占了长尾词，提升了视频的搜索排名，50%的核心词都能在第一页被搜到。例如，我制作的"AI降本增效"系列视频，在小红书上的播放量累计超过100万，有效提升了该公司的品牌知名度和客户转化率。

现在，该公司市场部的日常工作变成了每天早上专人用DeepSeek抓取凌晨新增的搜索词，每个月进行深度数据解剖，分析哪些词带来了MQL（市场合格线索）。

记住，在小红书做B端获客，不是在广场上叫卖，而是在用户搜索的巷战中提前埋好弹药。用AI将关键词变成精准的客户诱饵，这才是新一代SEO的终极形态。

7.3.3 用DeepSeek辅助做品牌种草宣传片

对科技型企业来说，发布会是产品的核心战场。在长达数月甚至数年的研发之后，如何通过一场发布会让产品一炮而红？宣传片的支撑必不可少，而DeepSeek和各种AI工具能极大地提升宣传片的制作效率和水准。

1.发布会策划的挑战与痛点

策划一场发布会不仅花费巨大，工作也非常庞杂。策划一场成功的发布会，不亚于指挥一场战役。然而，很多发布会都因"自嗨"而导致灾难性收场——砸80万拍的"技术全景大片"，全网播放量不足5万。媒体通稿铺天盖地，却塞满了"多模态接口""分布式架构"等难以理解的术语。发布会后调研显示，87%的观众看了个热闹，却记不住产品的核心价值。这也说明为什么发布会举办前的工作至关重要，因为主题的方向决定了发布会的成败。

2.用DeepSeek助力发布会全流程策划

基于主题，我让DeepSeek根据现有传播资源，策划发布会前、中、后期的传播动作。DeepSeek生成的建议分为以下3个部分。

（1）预热期

策划一系列用户如何通过这款AI产品解决日常生活中的难题并感到震惊的场景，为产品的功能点留下悬念。

邀请行业内的知名人士和意见领袖进行联名推广，通过他们的影响力进一步提高发布会的知名度

生成一条高品质的悬念视频，建立观众对"链接万物"概念的期待。这条视频最终也是通过DeepSeek和即梦AI制作的，稍后我会详细讲解这个案例。

（2）发布期

在拿到整体发布会内容框架后，我让DeepSeek从传播角度对其进行优化，埋入一些有传播潜力的梗。同时，制作更详细的概念和产品宣传片。

（3）发酵期

为了进一步扩大发布会的影响力，结合各种边缘亮点逐个发酵，我制作了一系列短视频，分别展示产品的不同亮点，如智能语音助手、自动化流程设计等。这些短视频通过小红书平台发布后，获得了大量播放和互动，进一步提升了品牌知名度和用户购买意愿。

3.低成本、高质感的宣传片制作

在DeepSeek的帮助下，我们的发布会策划很快进入了执行阶段，但紧接着又遇到了第二个问题，那就是高质感的宣传片实在太贵了！这时，我再次想到了DeepSeek，并最终通过"DeepSeek+即梦AI"的组合，以传统预算1/100的成本，实现了预热视频播放量破几十万的成绩。那么，这条视频是如何制作的呢？这里主要用到了DeepSeek和即梦AI的图生视频功能。

01 文案生成。用DeepSeek
生成与发布会主题相关的
文案。例如，针对"不止问
答，链接万物"这个主题，
我让DeepSeek生成了一系
列创意文案和脚本，如图
7-21所示。

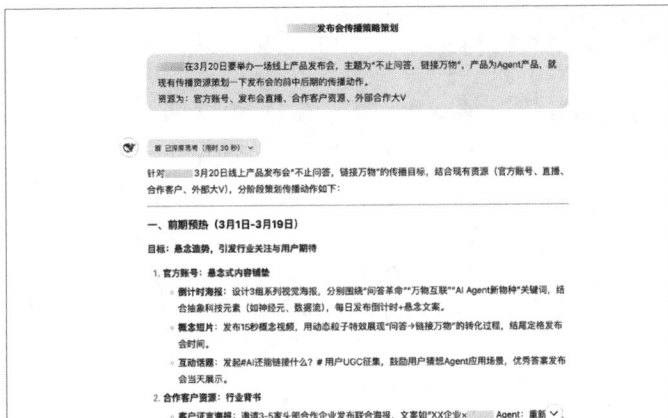

图7-21

02 创意落地。经过多轮筛选，我们从"链接万物"这个点，找到了一个"圆"的创
意。于是，我们选出30个优质场景，并让DeepSeek帮我们把这些链接各个产品（如
Boss直聘、剪映、豆包、DeepSeek等）的场景转化为圆形元素，同时生成画面描述。

03 生成分镜头。将生成的文案导入即梦AI，利用其根据文字生成图片的功能，生成
对应的分镜头，如图7-22所示。

图7-22

04 生成视频。得益于DeepSeek的精准策划，生成的分镜头大多数是一次通过。对于
优质的视频场景，我再用其生成与之匹配的视频片段。最后，在剪辑台上合成音效，
整个过程大幅节省了视频制作的时间和成本，如图7-23所示。

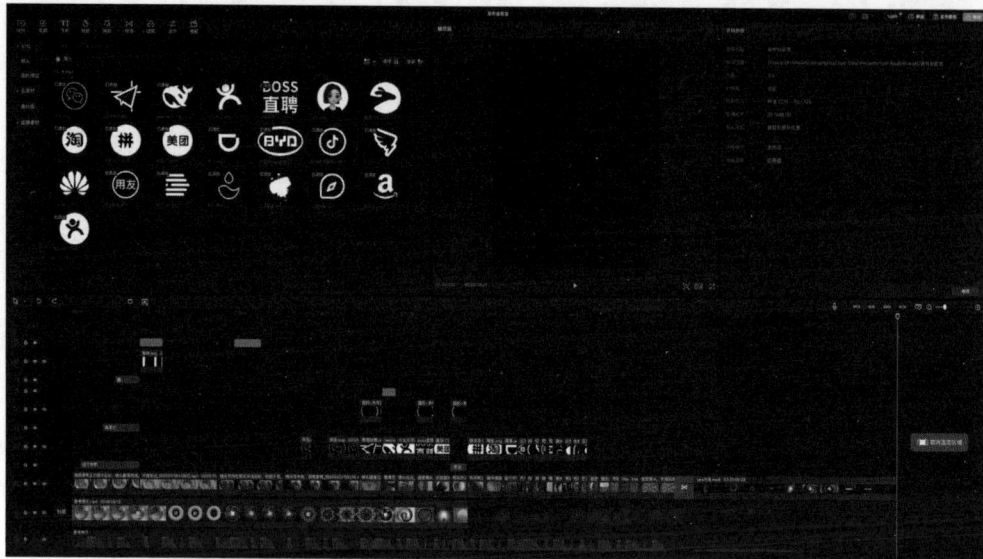

图7-23

通过以上步骤，我们以极低的成本成功制作了一条高质量的品牌"种草"宣传片，不仅提升了品牌知名度，还为发布会的顺利进行提供了有力支持。通过这次经历，我更加确信：未来，人人都能借助DeepSeek实现品牌营销的目标，AI时代的变革才刚刚开始！

7.3.4 用DeepSeek辅助做活动封面和海报

AI会替代设计师吗？这个问题一直困扰着很多人。实际上，我们已经将DeepSeek和各种AI工具运用到设计的各个环节，但AI更多用于辅助设计师，而不是完全替代他们。AI的能力越强大，设计师的专业眼光和审美就越重要。

1.用DeepSeek辅助设计小红书封面

设计最核心的场景之一，就是小红书的封面。一个好的封面可以大幅提升点击率和曝光率，甚至决定笔记的生死。然而，传统封面设计存在很大误区。

例如，设计师可能沉迷于"高级感"，设计得很美，却忽略了用户的需要，比如"字要大"。使用DeepSeek辅助设计封面，能让我们站在用户视角上思考问题，避免"自嗨"。

再如，在为7.3.3小节提到的那家公司策划SEO封面时，我们就用DeepSeek和即梦AI辅助设计了一系列小红书封面，具体步骤如下。

01 明确设计需求。明确了封面的主题、目标受众和风格。例如，主题是我们即将推出一款新科技产品，目标受众是企业家，风格定位为简约时尚。

02 生成创意文案。用DeepSeek生成了一系列创意文案。例如，输入「简约时尚的新科技产品封面，帮我输出AI绘图提示词」后，DeepSeek生成了多个封面设计创意文案。

03 设计封面。将生成的文案导入即梦AI的文生图功能中，选择一个调性最符合文案调性的模型，然后调整参数，确保文案风格与模型风格协调，如图7-24所示。

04 优化与复用。在设计完成后，我预览了封面的效果，确保其能够吸引目标受众的注意。在后期制作其他封面时，只需通过改变文字，就能快速复制这个系列的内容，大幅提升小红书封面的质感和系列感。

2.用DeepSeek辅助设计社群海报

除了小红书封面，我们在社群运营中也经常需要设计海报。一张好的海报可以大幅提升信息传播效率和用户参与度，同时让别人感受到这是一个有品质的社群。下面结合1.3.2小节生成的惊蛰海报，具体展示我们的操作步骤。

图7-24

01 明确设计需求。明确了海报的主题、目标受众和风格。主题是惊蛰节气的活动，目标受众是关注传统文化的年轻人，风格定位为清新自然。同时，我让DeepSeek帮我生成了一些创意文案备用。输入「帮我写一个惊蛰海报的绘画提示词，15个字以内」后，DeepSeek生成了多个创意文案，如图7-25所示。

图7-25

02 生成分镜头提示词。为了生成图片，我先让DeepSeek生成分镜头提示词。输入「根据惊蛰海报的主题写绘画提示词："春雷响，万物长"。可以考虑竹笋破土的意象」后，DeepSeek输出了一个相关的场景描述，如图7-26所示。

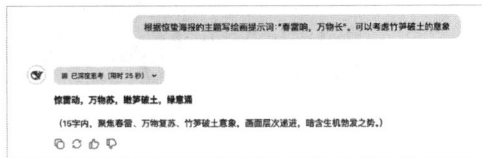

图7-26

03 设计海报。将生成的分镜头提示词导入即梦AI的文生图功能中，选择合适的比例，单击"立即生成"，海报就生成了。如果不满意，还可以继续生成，如图7-27所示。

图7-27

04 预览与优化。在设计完成后，可以预览海报的效果。如有需要调整的地方，可在生成图片的右侧编辑栏中进行编辑、优化，如图7-28所示。

图7-28

通过以上步骤，我们以非常简单的流程完成了设计师级别的海报作品。未来，类似的海报的平均产出时间将从一天半压缩到10分钟，社群海报的质量和及时性也将得到显著提升。

当然，以上内容只是我的DeepSeek商业实战经验的一部分。现在，我正式将DeepSeek和小红书这把富有魔力的钥匙交到你的手中。拿到这把钥匙后，你也有很大概率成为下一个前沿的DeepSeek商业实践者。我们将一起改造旧时代，塑造AI新时代。